【改訂新版】

密教の話

曼荼羅の世界

金岡秀友

佼成出版社

本書は株式会社潮文社より、昭和五十六年（一九八一）に四六上製判で発刊され、のち平成五年（一九九三）に四六並製判の新装版として発刊されたものの復刊です。復刊にあたり、著作権継承者の了解と協力のもと加筆訂正したところがあります。

また、本文中に今日の人権意識や国際文化研究に照らして不適切と思われる表現がありますが、執筆当時の時代背景や著者が故人であることを考慮し、底本のままとしました。

（編集部）

はしがき

本書を刊行して早くも十年余を経ている。いま、これを新しい形とし、魯魚《ろぎ》を正して再び登場する機会を得たことは、著者にとって望外の喜びであることはいうまでもない。この上は、この私の喜びを共にする読者の一人でも多からんことを祈るのみである。

この時点で「密教」が改めて取り上げられるに当って、その背景や意味について感ぜられることを一、二記して新版のはしがきとしたいと思う。

第一に思うことは、多種多様な思潮の洪水の中で、なぜ再び、三たび密教が取り上げられ、世に訴えるものあり、とせられるのであろうか。

その理由には巨視的なものと微視的なものが、共に絡み合って働いているように思われる。巨視的なものについていえば、二元論の崩壊——といえないまでも懐疑視——である。唯物論と観念論という古典的対立は、前者の具現者である共産主義が、半世紀にわたるその体制を失ったことで、後者の支配が確立したように受けとられる向きもあるが、決してそのようなことはない。共産主義の大国はまだ存在しているし、小国はもちろん、資本主義国内の共産党も活動を決して止めてはいない。このような、政治・経済・社会の実践面を離れて、倫理・哲学・宗教等の精神面からみても、二元論の相剋《そうこく》はかえって激しさを増しているようにさえ思われる。

疑いを持たれる方は、現下の国際紛争や国内の社会・家庭の諸問題に見られる末期的現象をどのようにお考えになるであろうか。

この最後の点が、密教がふり返られる微視的な理由に通じるところだと私は考える。人間は、いかに政治・経済・社会等の分野で、人智——主として科学——の限りを尽くして目的を達成しようとも、区々たる自分一個の感情利害を超えることはできない。ここに、現在の世界が二十一世紀に向って直面する最大の問題がある。

ことばと視点を変えていえば、人は月まで到達し、宇宙に出て地球を何周もし、寿命の平均は年ごとに延びる一方である。これをわれわれは科学の恩恵と呼ぶに決して異を立てるものではない。しかし、それで人間は幸せになったかと手放しでいえるかといえば、決してそうはいえないところに「密教」がいま取り上げられる第二の理由がある、といわなければならない。

それは、第一に取り上げた問題を一層具体的かつ本質的に掘り下げることから得られる姿勢となってこよう。

第一に取り上げた形而下の諸問題と形而上の諸問題は、頭の中で取り上げることは、もちろん可能であるし、その長い歴史もある。しかし、現在、只今生きている人間で、自己の頭悩と体験を、そのように分離して、思索し行動しているものが果してあるであろうか。そんな人は、かつて、そして今も、また将来も決してなかったし、ないはずである。

「もの」と「こころ」の二分法は、そのどちらに重点を置いた思索・行動も、今音を立てて崩壊しつつあることは、日本の国の内でも外でも、その実例は、余りに生々しく、かつ豊富である。

ここで、第二の問題点は、「もの」と「こころ」の二元論を超えた、もっとも現実的であり、もっとも本質的である世界を、いかにとらえ、その世界に、いかにして生きるか、ということになる。大方の諸賢の予想されるように、その世界に、前述したような二元論に導かれた働きによって参入することは方法論的にも不可能である。なぜならば、生きている人間は、決して「もの」と「こころ」を分離して生きていることはないにもかかわらず、二元論は必ずや、その一極に立って事の解明に当るからである。

かくて二元論者の赴くところ、何れかの一元論であり、逆にまた多元論者となる。現在各分野で見られる、科学と宗教の相互の働きかけも、よほどの準備がない限り、それはそれなりに真摯な歩みを続けてきた、科学と宗教の双方の基盤喪失になりかねない危険があるように思われる。

密教の示す「密」は、このような、通常の理性や論理を超えた第三の——この表現もまた誤解を産むが——本質的・具体的な世界を目指している。今、世の眼が「密教の心」を求めている理由がここにあるのであろう。

平成四年十一月

金岡秀友

まえがき

日本人の精神形成に、密教が重要な役割りを果してきた歴史的事実を疑うことはできない。しかし、現在もなお、充分に果しつつあるかというと説の分かれるところとなろう。古代や中世のインドの神々や鬼が、高度に発達した資本主義の日本において、いまなお活発に活躍しているとは、大方の承服しえないところかもしれない。

われわれが小学校から大学まで長年月かけて身につけた歴史観や人間観は、そのような、理性に相反するものを除去し排斥し、一点曇りのない合理の殿堂を築き上げることこそ、人間の努力の目標である、とするものであった。科学がそれに応える最大の知恵であったことはいうまでもない。

真言の寺で生れ、育ち、寺務にたずさわり、檀信徒に接する筆者の日常が、一般の方々と同じでないことはよく知っている。しかし、私の同僚や友人で、寺のものでない人たちとの話の中からも、私は、今日の実務家や教育者とて、決して学校教育の主流をなす「合理主義」をそのまま、世界観や生活信条としているのではないことを知るのである。すべての人が、何らかの形で、情緒や意志を含めての心の安定を求めていることは、まちがいないところである。

この根本的事実を見定めれば、古代であるとか現代であるとかは、実は決して大きな問題ではないことが判ってくる。その間に見られる相違は、実はごくごく末梢的なもので、人間そのものは、少しも変っていないことに気づいてくる。

　超高層のビルに住むといって、喜怒哀楽はなくなるであろうか。大会社の社長でも、褒められれば嬉しく、悪口をいわれれば、たとえ瞬時でも無念であろう。万巻の書を読破する大学者でも、友人や弟子の選択には、極めて好悪の感情の激しい人もいるのではなかろうか。

　いや、もっともっと根本的なところで、人間は少しも変っていない。どのように便利な、「発達した」世の中が来ても、生まれて生きて、時に病み、やがて老い、ついに死んで行く、という人間の在り方は、いつ、いかなるときといえども、寸毫も変っていない。仏教でいう「生・老・病・死」の四苦は、千古不易の人間規定である。

　この根本的事実と、人間の心の四つの苦しみ―愛別離苦・怨憎会苦・求不得苦・五陰盛苦―は、あわせて「四苦・八苦」と表現されてきたところである。これを単に、定型的に表現された、仏教の伝統的人間解釈として断定したり、無視したりすることは、もちろん、個々人の自由ではあろうが、断定しても否定しても、その人が、この八つの事実の外に立ちうることは決してない。これは、観念論者だからどう、唯物論者だからどうという問題でも、さらにない。本来、そのような分け方自体が西洋的なものであって、仏教のみならず、インド思想の主潮は、そのような区別を否定するか超越（不二《ふに》という）するか、関わりあわないかの何れかなのであった。

私は、人間の心が、物質から発するのであるか、独得のものであるか、というような「科学的」アプローチに対して主たる関心をもつものではない。右のごとき「苦」を今日以後も人間が永久にもちつづけることが予測される以上、人間の心のあり方に、実際的な検討と配慮をもちつづけた先人の努力に、深い敬意と傾倒とを感ぜざるを得ないのである。唯物論も無神論も、もちろん、人の自由である。しかし、その世界観や人間観の中から、愛する人の死や、孤独の中での自分の病に、どのような心の動きを示すのか、私には想像することが困難である。

今日の日本は、いや、ひろく世界は「不確実性の時代」といわれている。それは確かにそうである。しかし、また、今見たように変らないのも人間なのである。

私は、変動の中にあって変らざるものをつかみ、変らざるものを秘めて変動に処すためには、ただ、眼と理性だけによる判断でなく、その奥にある何かを観、具えたいと念願している。それが、本書で近づこうとした「密教」——深く秘められた真実——である。

私の感懐や指向がどれだけ読者に伝わり、共感して頂けるか、深く忸怩たるものがある。今はただ、機縁と激励を与えてくれた潮文社の各位、特に島内行夫氏に心から感謝の意を表するのみである。

昭和五十六年一月二十七日

金岡秀友

改訂新版

密教の話——曼荼羅の世界

〈目次〉

イラスト／eiyu-pro（むらこし・えいゆう）　装丁／山本太郎

一章　密教の誕生

秘密の山

「鳥の音《ね》も　秘密の山の　しげみかな」

この俳句は、上田秋成の名作『雨月物語』の一節「仏法僧《ぶっぽうそう》」の中に出てくる。高野の森《こうや》に鳴く仏法僧の声に感じた不思議さを詠《うた》ったものである。一夜高野を訪れた俳人里村紹巴《しょうは》は、高野山で、非業の最期を遂げた関白豊臣秀次の亡霊に会う。亡霊と連歌の宴を設けた紹巴が、最後に詠ったのがこの句であった。この句によって、なぐさめられた秀次の亡霊は、暁と共に繁みのやみに消えていく。

私は、高野の山に登るたびに、この句を想い出す。高野の山全体が、八葉《はちよう》の蓮華《れんげ》（八枚の花弁から成る蓮華の花）を示すマンダラであるという信仰は空海弘法大師（七七四〜八三五）以来のものであるが、それをはなれても、この句は高野の山全体が、秘密の山、密教の山であることをよく示している。

山の木立も、谷間の水も、そこで仏法僧と鳴く鳥も、すべてが、人語を超えて人をして仏のもとへといいざなわないものはない。「一木一草　これ仏刹《ぶっせつ》（仏国土）」「尽天地《じんてんち》は一軸《いちじく》の経巻《きょうかん》」（天地全体がそのまま一巻のお経と同じで、わざわざ経典を別に必要としない）といわれる世界がこれであろう。

このような気持と雰囲気を持つ教えが密教であるとして、では、内容的に密教とはどのような教えを指すのであろうか。ここでは、まずその柱を二つだけ指摘しておきたい。

一つは、求める人間の側からの柱であり、一つは、求められる仏の側からの柱である。言葉を変えれば、密教もまた、現実と実在の双方の側から考えることができるであろう。

現実生活の中で苦悩し、そこからの解脱を願う人間が、どのようにさまざまな方法を講じてきたかは、言葉で言いつくすことはできない。それがそのまま仏教の歴史を形作っている。そしてその中でも密教の方法論は、明らかに一つの特色を打ち立てている。それは、公開された動作・言語・論理の有効性と有限性に対する強い自覚である。

言語についていえば、人間の言葉が伝えることのできる真実は決して真実の全部ではない。日常においてさえ、無言や、微笑や、嘘晞《きょき》（すすりなき）が、はるかにその人の真意を伝えることは、少なくないではないか。動作や論理についても、同様である。

密教の人々は、動作・言語・論理の背後にあるもの、個人のそれと全体的なそれとの関わり合いを重視し、それを説明を超えたものと見た。これが、動作・言語・論理の持つ超公開性・秘密性、つまり身体と口と意《こころ》の三つの秘密——三密——がそれである。

護摩の火

言葉や動作や論理に現われたもの以上の意味を、汲み取っていこうとするのが密教であるとすれば、当然、そこには日常的でないさまざまな「神」と通うてだてが講じられるようになる。これが密教の中の儀礼である。認識論的に日常論理を超える立場と並んで、密教の立てるもう一つの柱というのがこの儀礼であって、密教家の実践の大部分を占め、同時にわれわれの目に触れる密教の姿の大部分がこれである。

代表的な密教の儀礼の一つに護摩《ごま》がある。護摩の目的と方法には、密教儀礼の目的と方法がきわめてよく現われていると思われるので、まず一わたり見ておこう。護摩の方法は、よく知られているように、本尊の前にしつらえられた火炉の中に火を焚くことによって本尊に願い事をかなえてもらおうとする儀礼である。護摩という言葉自体が古代インド語のホーマ（homa）ということばの音写で、中国人が「焚焼《ふんしょう》」と訳したように、火を焚く儀式を意味する。

火が強い熱を持ち、汚れを焼き、上へ上へと登る性質を持っていることは、古代人にとっては一つの大きな驚異であった。宗教学者は、早い時期から火の持つ不思議な性格を、未開人、古代人が、さまざまな形で崇拝して来たことを示す実例を広く世界中から集めている（J. Frazer, ERE, RGG など参照）。インドももちろんその例外ではない。インドの支配民族であるインド・アーリア人がインド亜大陸に侵入する以前から、先住民達も火の崇拝を行っていたことが報告されている（Panchanan Mitra : *Prehistoric India, its places in the World's Cultures*, Calcutta, 1923. 吉田富夫訳『歴史以前の印度』葦牙書房、昭和十八年）。

　インド・アーリア人は、火の崇拝をより熱烈に推し進めた。すでにインド最古の叙事詩『リグ・ヴェーダ』の中に、火神アグニとその神への供養が記されているが、アグニ以外にも火の崇拝は色々な形で行われたらしい。その根本は、浄化と供養とにあったようである。浄らかな火によって不浄を焼却し、地上の供物を火の力によって天なる神の口までとどけるというのがその考えのもっとも普通のものであった。

　釈尊の頃にも、火の崇拝に従事するいわゆる「事火外道《じかげどう》」すなわち、火に事《つか》える外道は、中部インドに随分多かったようである。釈尊自身もこのような社会風潮に無縁ではいられず、自身火の供養にも熟達しておられたことが経典（『仏本行集経』巻第四十二「迦葉三兄弟品」など）に記し残されている。それは「三迦葉《さんかしょう》の帰依の物語」として有名なものである。

　三迦葉とは、迦葉（カーシャパ）を名とする三人の兄弟の事火外道をいう。長兄をうるびんら（ウルヴィルヴァー）迦葉、次兄なだい（ナディー）迦葉、末弟をがや（ガヤー）迦葉といい、それぞれ五百人、二百五十人、二百五十人の弟子を持っていたという。当時の規模とすれば、大教団である。釈尊は、長兄のうるびんら迦葉のところに宿を取った。ここで色々な神通力（三千大通）を釈尊も見せるのであるが、最後の決め手になったのは、火をはく毒竜に火を以て打ち勝つ伏竜の法であった。事火外道の本家であるうるびんら迦葉に打ち勝つには、もっとも適切な法であったといえよう。

　うるびんら迦葉はかぶとをぬいで釈尊に帰依し、今まで使っていた事火《じか》の道具をすべて川へと投げこんでしまう。川下に住んでいた弟達も、これを見て釈尊に帰依し、弟子もろとも釈尊の弟子となったので、釈尊は一挙に千人の事火外道を自分の弟子としたのであった。無名で少数の釈尊のグループが、初めて人の目にとまる大教団となり初めたのは、実にこの三迦葉の帰依を以て始めとする。これからしてもいかに当時のインドにあって火が広く信仰せられていたかを知ることができる。

　仏教に、取り入れられた護摩《ごま》も、形の上では大きな違いはないが、その目的意識や哲学はきわめて仏教的なものとなっている。

　まず、護摩は行であり、身心の統一（ヨーガ）である。もちろん仏教の護摩においても具体的に様々な現世利益を祈願する1「息災《そくさい》」、2「増益《ぞうやく》」、3「鉤召《こうちょう》」、4「降伏《ごうぶく》」の四種護摩が最もよく知られている。

　護摩の目的は、人間の希望と同じほどに多様である。しかし、これは、護摩の目的というよりは、むしろ結果である。目的はやはり、自己統一と自己浄化にあり、最終的には、解脱による完成を目的としている。よく説明されるように「煩悩の薪を仏の智慧（般若《はんにゃ》）の火を以て焼く」という一文がこの間の事情を雄弁に物語っている。

現世利益が得られるから自己浄化が達せられるのではなく、自己浄化が達せられるからこそ、日常生活もバランスあるものとなり、様々な利益がもたらされると考えるべきであろう。自己浄化のための護摩を「内護摩《ないごま》」といい、現在利益のための護摩を「外護摩《げごま》」という。

護摩の目的をこのように整理した仏教徒たちは、同様に護摩の形式についても区別を立てた。直接に火を焚くのを「外護摩」といい、心の中で「いま火が燃えているな」と念ずるのを「内護摩」という。あるいはまた前者を「有相《うそう》の護摩」といい後者を「無相《むそう》の護摩」という。行者はすべからく有相の護摩から無相の護摩へ入らなければならない、などと説く。

何に祈るか、すなわち護摩の本尊についても、密教は整理をこころみている。不動明王につかえれば、不動護摩、観音につかえれば観音護摩というように目的に従って本尊もまた多様である。これらの本尊に火を通じて我が入り、火を通じて仏が我に来たる「（仏）入我我入《にゅうががにゅう》（仏）」の境地が火を通じて実践される訳である。護摩が護摩行《ごまぎょう》といわれ「瑜伽《ゆが》護摩《ごま》」といわれた理由がこれによってわかるであろう（護摩はただ単に火を焚くことだけではなく、それ自体、身心統一の行（瑜伽＝ヨーガ）であるということである）。

つかみにくい神々は護摩の火を通じて、われわれに近づいて来てくれた。同じことは心の集中（瑜伽＝ヨーガ、三昧＝サマーディ）によっても、仏を表わす手の結び方（印相《いんぞう》＝ムドラー）によっても、仏の秘密語（陀羅尼《だらに》＝ダーラニー）によっても、諸仏諸菩薩の図像や配置図（曼荼羅＝マンダラ）によっても達せられる。これらがすべて密教の行である。

これによってわかるように、密教はまず仏の世界が超日常的であることを認める。これは密教にかぎらず宗教である以上当然であろう。密教の特色は、それへの近づき方として、日常的な約束を超えようとしたことにある。これが前に述べた身体と口と心の三つの秘密、すなわち「身口意《しんくい》の三密」である。

密教の第一の特色は、その名のごとく、仏の世界と、そこへ至る道の秘密性、超日常性であろう。

第二に注目すべき密教の特色は、このようなむずかしい、仏と人との関係が、必ずや何らかの媒介物をもって、それを通じて近づきあうと考えられていたことである。先ほどの護摩でいえば、われわれの力は、火を通じて仏に届き、仏の力も同じく火を通ってわれわれに及ぶ。この関係が「加持《かじ》」である。中国や日本の密教家が、仏力が我に至るを「加」といい、我の力が仏に及ぶを「持」といっているのは、この間の事情の内容的説明である。「加持」の原語は「アディシターナ」といい、力の加わることをいうのであって、中国人の説明するような意味合いは言葉の中にはないけれども、実態はよく捉えている。

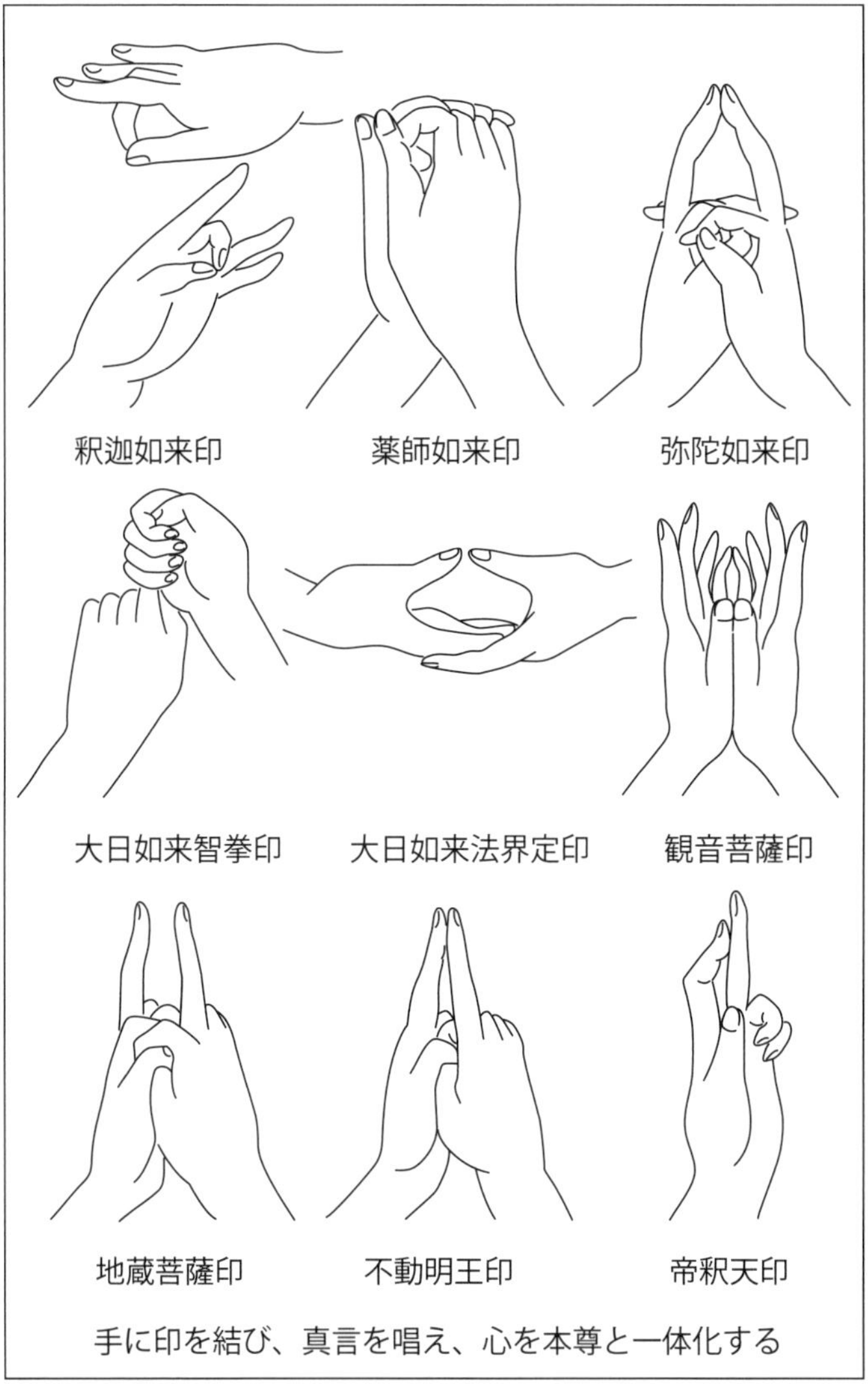
釈迦如来印
薬師如来印
弥陀如来印
大日如来智拳印
大日如来法界定印
観音菩薩印
地蔵菩薩印
不動明王印
帝釈天印
手に印を結び、真言を唱え、心を本尊と一体化する

印相のいろいろ

「加持相応《かじそうおう》」「加持感応《かじかんのう》」「感応道交《かんのうどうこう》」と呼ばれるような仏と人との呼び合う関係は、密教成立の基礎観念であるが、その成立を可能にするには、必ず何らかの具体的方法が必要とされるのである。それが火であり冥想であり、秘密語であるが、具体的な事物にせよ、無形な方法にせよ、それは必ず広くて深い仏の心、仏の世界を包みこめていないものはない。これが、密教成立の第二の要素である象徴（シンボル）である。

言葉を変えていえば、密教とは、無形で神秘なる仏の世界へ、有形で具体的な象徴を通じて近づき入ろうとする仏教の一大体系であるということができるだろう。この趣旨に沿って密教は厖大な神秘哲学の体系と、複雑きわまりない儀礼の集成を完成させていったのであった。

釈尊と密教

フランスの宗教学者ルナンは、前世紀の終りにイエスの有名な伝記を書いた。その中において彼はしばしばイエスを「人間イエス」と表現したが、このことは、はからずもヨーロッパキリスト教会、神学界の大問題となり、彼はコレージュ・ド・フランスのヘブル語主任教授の職を追われるに至った。神の子を人間と見るのは、不信の言葉である、と見られたのである。

このように挫折したキリスト教への人間学的アプローチは、ヨーロッパの宗教研究者をしてその新しい研究対象として、仏教を選ばしめることになった。この頃から盛んになった南北仏教――セイロン（現・スリランカ）とネパールをそれぞれの中心とする――の資料の発見と解読は、新しい宗教としての仏教研究に現実的エネルギーを与え続けた。特にセイロンで見出された初期仏教の聖典群は、北方系の後期資料と違って、素朴で簡明で率直な初期の仏教と釈尊の姿を伝えるものとして、大きな感激を捲き起こした。リス・デヴィッズ、オルデンベルヒ、フコーなどの原始聖典研究家達は、これらの資料を駆使して、釈尊の真姿と初期僧伽《サンガ》の姿を描き出すことに、縦横の力をふるった。その目的が、人間釈尊の解明にあったことは明らかで、この傾向は、今日に至るまで、変わっていない。人間イエスの追求の挫折が、形を変えて、人間釈尊の追求になったと見ることは、誤りではなかろう。

この結果、釈尊はきわめて人間的で、きわめて合理的な、ある意味で近代的な感じさえする一人の思想家として描き出されるようになった。迷妄なるものはもちろん、不可思議なるものも、曖昧《あいまい》なるものも、釈尊の教えの中には存在するはずがない。徹頭徹尾彼は理性的であり、人間的であった。

「イエスが人間である」以上に、釈尊は人間そのものである。これが前世紀末、今世紀初めのヨーロッパ仏教学者がつかみ出した釈尊像なのであった。

今、オルデンベルヒやリス・デヴィッズが残した釈尊の伝記を読み返した後、目をつぶる。そこにうかんでくるのはどういう顔か？　われわれが見なれた円満相好《えんまんそうごう》の仏頂でもなければ、深い悲しみをたたえたイエスのごとき顔でもない。芥川竜之介氏や福田恆存氏のごとき逆三角形のシャープで神経質そうな学者顔が浮かんで来てしまう。しかし、私には釈尊がそういうタイプの人であったとは、どうしても考えられない。

私はその理由として、人間釈尊を描くのに急なあまり、仏陀釈尊を描くのに失敗した、ということを考えざるを得ない。およそ世に、徹頭徹尾合理的な宗教というものはあり得るであろうか。徹頭徹尾、理性的な宗教者というものがあったであろうか。もしあったとすれば、それはもはや宗教とは別の名で呼ばれるべき人間の営みとなるに違いない。そこでは、すべての宗教学者が宗教の要素として主張する神秘なるものの認識も、それからくる感激も考慮されていないからである。釈尊の伝記は、むしろ初めから終りまで神秘なるものの連続である。釈尊が母なる人の胎内に宿ったのは兜率天《とそつてん》という天国から、白象に姿を変えての受胎であったというではないか。

胎内に宿った釈尊は母の胎内でも、説法を続けられたという。出生もまた、きわめて神秘の色が濃い。母の右脇から出生し、東南西北の四方各々に七歩歩き「天上天下唯我独尊」と唱えられたという。この時花開き、時ならぬ甘露の雨が降りそそいだと南伝、北伝の多くの釈尊の伝記資料が一致して伝えている。

花と雨とに囲まれた釈尊誕生の説話が仏教徒に対していかに深い意味を持っているかは、今日なお盛大な花祭りの行事を思い起こすだけで充分であろう。南方仏教においても、ヴェーサク月（五月から六月）の満月の夜、行われる降誕祭が南方仏教最大の行事であることを考えると、この感はますます強い。

神話の解釈は、それが書かれた動機を読み取ることが第一であるというのが今日の発達した神話学の常道である。神話的記述を科学的に判断したり、非合理として捨て去ったりする啓蒙主義や不可知論の立場は、神話理解に何ものも加えるところがない。

釈尊が生れた時、なぜ花が咲いたと伝えるのであろうか、なぜ雨が降ったと記されねばならなかったのであろうか。一口で言えば、釈尊の生涯の、日常的次元を超えた偉大性・神秘性を花や雨によって象徴したのではなかったのか。さきに上げた密教の二大要素、神秘とその象徴は、実は釈尊自身の宗教における二大要素であったのだ。

仏教における象徴

象徴とはそもそも何を意味するのであろうか。一般的にいえば、抽象的にして不可捉《ふかそく》なるものを具象的にして可捉的なるものによって、その意味するところを表現しようとすることであろう。例えば、平和の象徴として鳩がもちいられ、恋愛の象徴としてハートの形がもちいられるようなことは、その代表的なるものである。

古代のインドにおいても、仏教以前から、宗教的、哲学的に、深い理念を表わすのに、さまざまな象徴が用いられることがよくあった。有名なところでは、強い破壊の力を表わすのに、インドラという神のもっていたヴァジラという武器があり、ついには、この武器が力そのものの象徴と見られるようにさえなった。インドラは、仏教に入ってからも、帝《たい》釈天《しゃくてん》という名前で仏法守護の善神と見られるようになり、これにともなって、ヴァジラも金剛杵《こんごうしょ》という名前で仏教の代表的な仏具と見られるようになった。

この場合、金剛杵は行者の不退転の求道心を象徴すると考えられる。はじめは、力の象徴としてインドラが悪蛇ヴリトラを打ち負かしたヴァジラは、逆に行者の心の中の迷いの心、いじける心を打ち負かす、強い宗教心の象徴と考えられるようになったのである。

このような象徴の例は、仏教にも極めて多い。まず、開祖仏陀を表わすのに、どんな象徴を用いればよいか、初期の仏教徒はさまざまに迷ったようである。少なくとも、仏陀そのものを、仏像、画像とするには強い躊躇を感じたようで、そのかわりに、さまざまな象徴を用いたわけである。例えば、仏陀を描くかわりに、仏の坐る蓮華の座席、すなわち蓮華座だけを描き、あるいは光明だけを描き、さらには卍字によって仏陀を表わし、あるいは法輪、あるいは仏跡等、仏陀の働きを表わすさまざまな象徴が用いられた。

仏陀が、人間釈尊の姿をもって表わされるようになったのは、西インドのガンダーラからか、あるいは中インドのマトゥラーからか学者達の説は分かれているけれども、かなり後世になってからであることは、たしかである。

密教においては、象徴は、不可欠となり、当然、きわめて多様となった。なぜならば、密教とは理性に止まらぬ意志や感情の世界をも含めた万人の深層心理の世界を探るものであり、当然それは、不可捉であり、しかも多様である。このことから、極めて興味深いさまざまな象徴を生み出した密教は、見方によれば、一大象徴の体系であった。

しかし、一口に象徴といっても、その度合は千差万別である。日本国の象徴は天皇であるといわれるが、具体的な一人物が、いかなる意味で国という抽象的複合的な存在の象徴であるかは、極めて判断がむずかしかろう。天皇個人の道徳性が象徴なのであろうか。能力が象徴なのであろうか。あるいはまた、魅力が象徴なのであろうか。現に生存して、行動している人をもって、国の象徴と考えることは、極めて困難である。

その理由は一様でないが、抽象的なものを具象的なものに集約してゆく際の必然性と切り捨てが、生きている人間では、どうしても不徹底に終るからであろう。その点では、かつて国民の前にその姿を見せず、たまたま見せる場合は、御馬白雪を召された大元帥陛下のお姿か、それと同様な御真影であった時の陛下なら、抽象化象徴化はほぼ完全だったのであろう。昭和二十年八月十五日以後、一挙手一投足を国民の前に示すようになった天皇には、抽象化の機会は永久に失なわれてしまった。

仏教、ことに密教では、象徴の種類と手順は極めて用心深く整理されていた。初会（第一分冊）の『金剛頂経《こんごうちょうぎょう》』においてすでに仏の象徴は、四段階に考えられている。

まず、仏を見た姿そのもので表わす図画マンダラ、それから仏の力と願いを象徴する仏具で表わす三昧耶《さまや》マンダラ（サマヤとは、仏の願を意味する）。十一の仏をさまざまな梵字で象徴する種字《しゅじ》マンダラ（種字とは、仏の本質を著わす文字の意味）等の三段階を過《へ》て、ついには一切の象徴的手段を必要としないで、宇宙の動きそのもの（梵語でカルマ＝業《ごう》という羯磨《かつま》と音写する）を象徴そのものと見る、羯磨《かつま》マンダラを第四の最後の象徴と見るわけである。

これが、四つのマンダラという考え、すなわち四曼説《しまんせつ》である。四曼説は、先に述べたようにインドにおいて初会の『金剛頂経』に起こり、その後も多くの経典で発達したが、日本に入ってからも、日本真言宗、すなわち弘法大師空海の教学の中心思想を成した。初会の『金剛頂経』は七世紀の後半、空海の活躍は九世紀の中頃であるから、仏教の象徴哲学は、七世紀から九世紀にかけ、南アジアから東アジア一帯にかけて大成された一大思想運動であったと言うことができる。

象徴には象徴の法則がある。それは、象徴すべき背後の広い世界を、象徴され単純化される事物がいかにして表現しうるかという方程式である。これが近代の象徴主義の哲学者たち、例えばカッシラーとかランガーの言う象徴の法則である。

ランガーは象徴と記号とは異《こと》なるということを指摘しているがこのことは正しい。記号は一つの取り決めにすぎず、何ら抽象化の過程における必然性を必要としない。例えば、モールス信号において、なぜ「い」が「・―」であり、「ろ」が「・―・―」であるかは便宜以上の意味は何もない。

密教における象徴は、あるいはより広く象徴一般は、このような便宜的な記号とはまったく意味を異にする。不動明王が、剣によって象徴され、さらにその剣が倶梨迦羅竜《くりからりゅう》によって象徴されるには、深い教理的な背景がある。

インドにおける不動明王の信仰については、一、二のたとえ話がある。ターラナータという人の書いたチベット文の仏教史の中に出てくる話では、不動明王がその恐ろしい姿と強い力で、怨敵を降伏させたが、その恐ろしい姿が実は仏の心、慈悲の力の表現であったという（本書一四九頁）。そのことは、『大日経』その他の重要経典がすべて一致して示すところであり、供物やその残り（残食供養《ざんじ》）もみなその表われであった。

不動明王の力も性格も姿も基本的には、このまま定まって中央アジア・中国・日本に受け継がれた。不動明王は、強力な、しかし慈悲深い仏であり、その剣は正にこの仏の象徴であった。不動の剣は、人を殺すためのものではなく、生かすためのものである。「利生《りしょう》剣《けん》」と呼ばれるのはこのためであり、左手に索《さく》を持つのは救うべき人をひき寄せる働きを示しているのである。剣にからまる倶梨迦羅竜は、この索の象徴であり擬人化であると見られる。事実、後世になると不動明王の像のかわりに、利生剣にまつわる倶梨迦羅竜だけを礼拝することさえ行なわれるようになった。

勇み肌の人達が背中に彫りつける竜のイレズミを、俗に「クリカラモンモン」という。「モンモン」が何を意味するかはわからないが、「クリカラ」が、倶梨迦羅竜であることは間違いない。大変なところに呼び出されて倶梨迦羅竜も大迷惑であろうが、初めから持っていた力の象徴性は失っていない。

もう少し本来の象徴性が生きている話として、呑龍道誉《どんりゅうどうよ》（一五一五〜一五七四）の吐血の因縁譚を想い出す。

呑龍上人は、下総《しもうさ》大岩寺の開山として、また、増上寺第九世として近世浄土教の中興として有名な人であるが、伝の記すところによれば、若年の頃は、薄志弱行、しかもその性極めて迂愚《うぐ》であったという。上人自ら深くこのことを悲しみ、成田山新勝寺の本尊不動明王に願を掛け、参籠《さんろう》すること百日に及んだ。結願の日の未明、眼の前に不動明王が現われ、ご自分の利生剣大小二振り示した。そして「汝の愚痴を破るには、この剣を呑み下す外はない。大小いずれの剣なりとも選んで呑め」と示されたという。上人は迷わず大の方の剣を取って一気に口中深く刺しつらぬいた。とたんに気を失った。

気がついてみれば、不動明王の姿もなく、自分はあたり一面、真黒な悪血の中に打ちふしていた。しかし、これからの上人は、心気極めて晴朗、加えて不自惜身命《ふじしゃくしんみょう》の決意を得て、天晴れ一宗の大徳と仰がれるようになった。

これに似た話は、他の名僧についても伝えられているところから見ると、不動明王の強い加持の力と、その象徴としての剣の信仰が広く日本的規模で広がっていたことを察することができるだろう。

ここにおいて、私達は、象徴にも一つの法則が働いていたことを知る。その法則の出発点は、約束あるいは記号ではなくて、信仰である。この信仰が確認されて、その後に、その信仰の具象化の法則ないしは記号化が行われる。数式化すれば、

信仰＋具象化の法則＝象徴

となろう。

近代の象徴哲学の代表者であるランガーの考えているのも、ほぼ同様の方向にあるといえるだろう。ただ、ランガーにあっては、信仰という場所が、約束ないしは共通の理解ということに置きかえられるにすぎない。言葉を変えていえば、ランガーは、象徴一般を説いているのであり、私たちは宗教における象徴の意味を考えているという違いがあるだけである。例えば、鳩が平和の象徴という場合、鳩は平和的な鳥であるという共通の理解が大前提になければならず、次にそれを可視的に表現するという法則が立てられて、平和の象徴としての鳩という法則が完成する。

同じ方程式を、信仰という大前提をたどって完成させていくのが、宗教における象徴の意味である。

先の呑龍上人の因縁譚においても、不動明王に対する信心とその力の集約的表現である剣に対する信心がなければ、不動の象徴としての利生剣説話は、一歩も進まないことになる。このことを逆にいえば、説話や象徴を見れば、背後の信仰とその信仰に従っての実践課題等がすべて読み取れることになる。厖大な密教の体系は、実にこの象徴の法則解読の方法論ということもできるであろう。

こうしてでき上ったパターンをひっさげて、密教は具体的にどのようにわが国に入って来たのであろうか。

最後のインド仏教

インド人の、仏教を通しての千数百年以上に及ぶ長い精神生活は、密教をもってその最後の幕を閉じる。インドにおいて仏教が亡んだころの歴史書——例えば、先に触れた、チベット文で遺されている『ターラナータ仏教史』などを見ると、十世紀を過ぎたころのインドの仏教は、ガンジス河の中・下流の小部分——今日のビハール州・ベンガル州、昔のマガダ国・バンガラ国——の地方宗教になり下っていた。それは量において衰微しただけでなく、質においても然りで、仏教僧はいずれも、城郭のような大寺院の中にひっこみ、パーラ王朝の政治的・軍事的・経済的援助の下にひたすら「般若《はんにゃ》」の研究にふけっていたという。

ここで「般若」の研究というのは、必ずしも文字通りの『般若経』の研究や、「般若＝仏の智慧」の研究ということだけではなく、煩瑣《はんさ》な哲学の研究という意味合いが強いようである。

民衆から孤立し、為政者の保護にだけ頼って、難解なギルド的教理研究にだけ走っていた宗教が、ついには亡んで行くほかないことを、インドの仏教は身をもって示したわけであるが、このような中にあって、わずかに、われわれの救いと感じうるもの、それがインドの密教であったといっても過言ではないと思われる。

インドの仏教の歴史において、密教はその良心の最後の悲鳴であった。

なぜか。

それはまず第一に、彼らはもう一度仏教を、そして人間を根底から考え直そうとしていたからであり、第二に、その考える方向が、つねに人間の幸福という実際的方向に沿って行われていたからである。

第一の、密教が、人間と仏教を根底から考え直そうとしたことは、すでにたびたび触れてきたように、実在と現実、理想と現象という、人間にとっての永遠の課題であり、仏教にとっても長い問題であった二律背反を、その実践的止揚という形で考え直そうとした点にもっともハッキリとあらわれている。第二に、その考える方向が、人間の幸福という実際的方向に沿っていたという点は、密教の産み出した教えが、すべて人間の日常生活を離れていないということからも伺うことができよう。

まず、宗教理想の実現を、決してこの現実を離れたところにおいて考えようとしていない。現在の生活の充足と、生死《しょうじ》を離れた永遠の課題とを一つに考える。キリスト教の世界のことばでいえば、「神の国と王の国」の幸せを一つに考えている。仏教では、「現当二世《げんとうにせ》の安楽《あんらく》」をめざしている。「現在世」と「当来世《とうらいせ》」（＝未来）の二つの世界の幸福ということである。

今日、真言系の寺院で、現世利益のための祈禱や護摩供《ごまく》を多く行うが、これはこの哲学的基礎の上に立っているのである。他の宗派で宗義は宗義、布教は布教と割り切って、むずかしい教養と無関係に、「俗信」と妥協しているのとは根本がちがうのであって、密教においては、現在の幸福は永遠の幸福の一齣《ひとこま》でなければならず、永遠の幸福は現在の幸福と連なるものでなければならない。密教は現世利益に哲学的基礎を与えた宗教といってもよいし、密教は現世利益に免疫を有しているといってもよい。

インドの仏教が、日に日に民衆との乖離を深めて行く中にあって、密教だけがわずかながら民衆への窓口であったことは、先の『ターラナータ仏教史』をはじめ、いろいろの資料から伺うことができる。

仏教のひろまった西端であるアフガニスターンの処々に遺る仏蹟にもそのような例を見出すことができる。その中には、ゾロアスター教（拝火教）のものか仏教のものか判らないものもあるけれども、明らかに護摩を行ったとみられる遺跡もあり、これらの地域も、決して、大乗仏教、あるいは小乗仏教の教学だけでなく、広汎な拝火儀礼の文化圏の中にあったことが伺われる。インドにおいて仏教がイスラム教に滅亡させられてのちも、火を祀《まつ》る有力な一族バルマック家（Barmakids）がマガダにあったことが知られており、それは一応、拝火教徒ということで世の中で知られていたが、それは世をしのぶ仮の姿で、実際は護摩供を行う仏教徒――かくれ仏教徒だったのではないか、とイスラム側の研究者が報告しているような例もある（Syed Suleyman Nadvi：*The Origin of Barmakids*, Islamic Culture, 1932, Hyderabad, Deccan, pp. 19～28）。

チベットに亡命して行った、マガダ国内の仏教僧も、その学問的立場は、あるいは中観《ちゅうがん》派《は》、あるいは唯識瑜伽行派《ゆいしきゆがぎょうは》、あるいは小乗仏教の経量部《きょうりょうぶ》系とさまざまであったが、そのほとんどが例外なく密教の行者を兼ねていたことが知られている（Sarat Chandra Das：*Indian Pandits in the Land of Snow*, Calcutta, 1893, pp. 17–20）。

インド仏教の末期には、妻帯して、種々の祈禱を行いつつ諸国を遊行《ゆぎょう》する行者の一群で「ナータ・マールガ」（nātha-mārga 主道）といわれる人たちがあり、今日でも、ネパールには、妻帯し祈禱し修学する、密教行者である「金剛阿闍梨《こんごうあじゃり》」（vajra-ācārya）と呼ばれる人たちのあることより見ても、密教行者という形態と、密教による民衆教化とは、独善と閉鎖とを打破しようとする、仏教の最後の良心の悲鳴であったとみることができるのではないかと思われる。それがよく成功したか否かは問題が残るにせよ、である。

二章　密教の発展

密教の仏たち

すべてのものの中に、仏が宿る。何にはどの仏が、これには彼の仏が。その宿り方が象徴であるとすれば、密教の世界観は象徴的世界観である。何一つ取っても、仏の宿らぬものとてない。かくて、密教は、無数の仏の一大殿堂と化した。すでに大乗仏教の時代に、仏教は多くの仏を生み出した。阿弥陀仏、阿閦仏《あしゅくぶつ》、観世音菩薩、多羅菩薩などの仏たちは仏教の根本理念であり、あらゆる変化の根源である「中《ちゅう》」思想の具体的展開であると考えられた。

「中」とは、いかなる限定も受けない、いかなる固定化もこうむらないという意味である。この意味で「中」といわれるのであるから、どのような姿となろうとも、仏であることに変わりはないのである。学者によっては、これを「法」の具体的表現、「法身」(シチェルバトスコーイ)と呼び、また別な学者は、仏の「宇宙身」の展開(姉崎正治による)と呼んでいる。

密教に見られる多くの仏たちもまた、この考えの上に立つことは明らかであるが、考え方をより具体的、より根源的に進めていっている点は、注意しなくてはならない。具体的というのは、およそ考えられるどのような存在も、みな仏として認め、表現しようとすることである。

インドの世界に充ち満ちた魑魅魍魎《ちみもうりょう》もすべて密教においては、仏となり、マンダラの一角の主人公となる。金剛夜叉《こんごうやしゃ》、訶梨帝母《かりていも》など素性のあやしげな男女の鬼神も、密教では立派に善神としての形と位置とを得ている。より根源的というのは、いついかなる時でも、例外がないということである。

そうした形を整えたのが、密教であるが、形を出たのも密教である。王舎城の鬼女ハーリーティー（訶梨帝母）は、仏の教化にあって、鬼子母神《きしもじん》となったが、形を完成したのは、密教であった。しかし、その形をはずして、わが子だけを愛して他の子を憎み、殺す気になれば、そこにたちまち鬼女ハーリーティーが表われ、自らの子ばかりでなく広く人の子も愛しうれば、やさしい鬼子母神が現われる、としたのも密教であった。だからこそ、一木一草仏ならざるは無し、という密教の仏の世界がくり広げられるのであった。

このことは、いわば仏教の長い歴史的課題であった。一般的にいって、人間は、常に理想をめざしつつ、現実の中で、苦悶する。めざすところはあまりにも高く、出会う所は、あまりにも醜い。仏教においては、理想を「理」と言い、現実を「事」と言う。真理・道理対事実・事象というほどの意味であろう。この二つの間に、同質性をみとめギャップのなくなることを、「理事無礙《りじむげ》」といい、これこそ大乗仏教の目標であるとされた。しかし一歩進んで、『華厳経《けごんぎょう》』の世界に入ると、理と事の区別さえ、すでに一つのとらわれであると見て、「事々無礙《じじむげ》」ということが強調される。密教はこれをもまだ相対的であると見て、「事」ということばも「無礙」ということばも一切使わなくなる。世界はそのまま仏の慈悲の光（慈光《じこう》）に包まれているとして「荘厳世界《しょうごんせかい》」、すなわち美しい世界と表現するのである。しかも、なぜ美しいかは、言葉や論理による説明の課題ではない。理外の理、秘密の理であるから、これを「秘密《ひみつ》・荘厳《しょうごん》」というのである。密教が、具体的かつ根本的に宇宙に充ち満つ仏たちの殿堂（汎神殿）を作り上げたのは、このような道理によるのであった。

無数に成立した仏たちは、おのずからその整理が要求されるようになる。その重要度に従い、またその機能に従って。

この場合、まず最高神（最高仏）が位置付けられ、次いで、それに最も近い仏としての脇士仏《きょうじぶつ》が位置付けられて行く。

前者は、初めは密教以前の場合と同じく釈尊であったが、後に、その全体的表現であるびるしゃな仏となり、大日如来となっていく。

側近の仏は、最高仏を取り巻く四方の仏、すなわち「四方四仏《しほうしぶつ》」として形を整えて行く。釈尊を取り巻く、四方四仏は、まず曇無讖《どんむしん》訳『金光明経』において表われている。東方不動、南方宝相、西方無量寿、北方天鼓音の四つの仏がそれぞれ蓮華の上に坐って、中央の釈迦如来を加護するとされる（序品、および如来寿量品第二）。

この中央釈尊、四方四仏は、密教の胎蔵界五仏（金剛界五仏）へと発展して行くものとみられ、中央の釈尊は、のちの大日如来と合い通じ、すでに密教的性格が顕著であると指適する学者もあった（渡辺海旭『純密経としての金光明経』）。これは、四世紀の訳であるが、やや下って、仏陀跋陀羅《ぶっだばっだら》訳『観仏三昧海経《かんぶつさんまいかいきょう》』にも四方四仏と十仏の記述があり、これらが、後の金剛界胎蔵界の両マンダラの中央四仏の伏線になっていくことは間違いない（松長有慶『密教の歴史』四二頁）。

マンダラの起源

マンダラという「図示された世界観」「図示された宗教」については、まだまだ不明の点が多い。なぜ、こういう形の宗教図がインドにだけ成立し、発達したかがすでに一つの謎であろう。ヨーロッパには、マンダラは一つもないではないか。

さて、マンダラの中心は諸仏の中心的存在である大日如来であり、これをめぐる四仏四菩薩であることを先に見た。ここを中心として、数知れぬ仏が徐々に展開し、最後には仏とは呼べぬようなさまざまな異生、化生のもののひしめき合う地域（最外院《さいげいん》）に及ぶのである。この考え方を、後の密教の人達は、「向下門《こうげもん》」と呼んでいる。中心の仏の力が、外なる凡夫、異生《いしょう》に向って下って行く法門という意味である。

これに対して、われわれ凡夫、異生からすれば、中央の大日如来への道は遠いけれども、身近な仏から、徐々にたどってついに大日如来と合一することは不可能ではないはずである。これは、われわれの力が仏に向って行く法門というところから、「向上門《こうじょうもん》」と呼んでいる。

マンダラの基本構造は、このような向上・向下の二つの呼び合う力、仏と凡夫の遠心力と求心力の関係を示していると考えることができるであろう。

ではそれを働かす基本的力は、一体何であろうか。私はそれは「供養《くよう》」の思想であると思う。大日如来が四仏に展開するためには、金《こん》・宝《ぼう》・法《ほう》・業《ごう》のいわゆる「四親近《ししんごん》」の菩薩がなければならず、この「四親近」の菩薩に応じて、東・南・西・北の四仏にそれぞれ四菩薩が呼応するという形を取っている。教理的には、いろいろ難しい説明がなされているけれども、仏が人間の所に下ってくるのも供養の働きであり、人間が仏の所に上っていくのも供養の働きであるという考え方は、マンダラの本質、密教の本質、ひいては仏教の本質を考える上で、きわめて大切なことといえよう。この点からすれば、マンダラは単なる美術品でないことはもちろん、哲学的図式でさえもない。本質はやはり宗教的実践の道具であり、供養の仏具であり、観法の対象であったことを見なくてはなるまい。

このことはマンダラの起源から発生に至る歴史で明らかに見て取ることができる。前節で見たように、真中に釈尊をすえ、四方に四仏を置くマンダラの原形とも言うべき考え方は、曇無讖訳の『金光明経』に出て来るが、ここでいうマンダラは、「壇」と訳されており、牛の糞を練って築き上げたものであった。

このような壇の構成は、手法の上でも農村的であるが、理念の上でも多分に農村的である。『金光明経』の四方四仏や、先に上げた仏陀跋陀羅訳の『観仏三昧海経』に見られる十方十仏にしても、その諸仏構成にはインドの民族宗教に見られる神々の分身（vyūha）の思想との親縁関係が強いことが指摘されているし、さらにその背後には、農村共同体における家族的社会的構成があることが、学者によって指摘されている（宮坂宥勝『インドの密教』二〇七頁）。

つまり、大日如来を中心とし、そこからさまざまな仏が出ていく、さらにその仏から明王・天などが流出するというマンダラの構造は、ある家族の家父長をもととし、そこから多くの兄弟の夫婦構成が分かれ、その家父長の下に、その家族と身分さまざまな使用人が従属するという、古代から現代に至るインドの農村社会が反映していると見ることは、決して当っていないことではない（中根千枝『家族の構造』昭和四十五年、東大出版会、四四～四五頁）。

密教的世界観の完成

家父長と家族、家族と使用人の関係が扶養と労働にあるように、マンダラの中心仏とそれをめぐる諸尊の関係が、相互の供養にあることは明らかである。ひとたびこの関係が成立すると密教のマンダラは、ひたすらその発達の道をたどっていくことになる。先に上げた二つの経典――『金光明経』『観仏三昧海経』――が、密教の中心的世界観である金剛界・胎蔵界の二つのマンダラ（金胎両曼《こんたいりょうまん》）の基礎であることは、すでに学者により指摘されている（松長有慶『密教の歴史』四二頁）。

マンダラの発達と呼応して、密教は、その中心とその周辺に必要不可欠な要素をさまざまに加えて行き、神秘主義と儀礼の一大体系となっていった。中心に位《くらい》するものは、何といっても諸仏と教理に中心的枠組をあたえる中心仏の確立であろう。これが最終的には、大日如来の登場によって果されることはいうまでもない。

しかし、大日如来の登場する二つの主要経典――『大日経《だいにちきょう》』『金剛頂経』は、それぞれ七世紀半ばと七世紀後半まで待たなければならないが、諸方の諸仏とそれに対する中心仏という考え方は、先の『金光明経』『観仏三昧海経』にすでに充分に明らかである。『金光

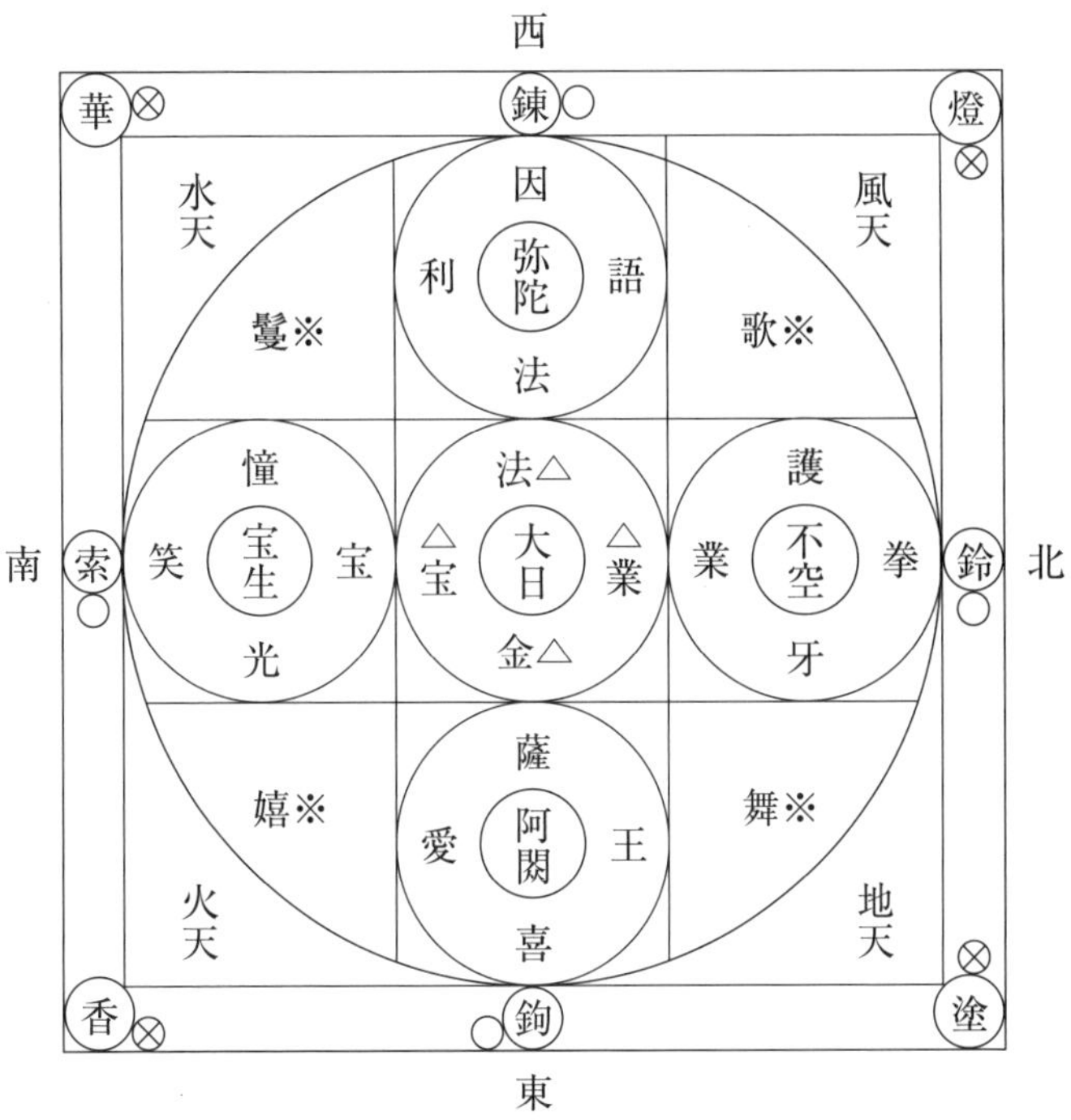

※　内の四供　△　四 親 近
⊗　外の四供
○　四 攝 智

金剛界曼荼羅（成身会）名称図

明経』は四世紀の成立と見られているから、『大日経』を遡ること三百年、インドでは、すでに諸仏の統合という考え方はできていたのであった。大日如来という名称の仏こそ、登場してこないが、四六二年に北魏の曇曜によって訳された『大吉義神呪経《だいきちぎじんじゅきょう》』には、人々がさまざまな願に従って、さまざまな仏を本尊とする「本尊供養法《ほんぞんくようほう》」が説かれている。この経典は、その本尊がほとんどインド教諸神であるところに、大きな特色がある。それは指摘されているように、これらの土着の神々の背後に、至上の神格を持った仏がおり、諸神はその仏の顕現であるという思想である（宮坂『インドの密教』二〇五頁）。

これは、インド教のいわゆる「権現《ごんげん》」（avatāra）の思想の仏教的表現であるが日本仏教においては、いわゆる本地垂迹の思想として発達する。

「真実は一つ、されどその名は多し」とは『リグ・ヴェーダ』の有名な言葉であり、ニューヨークのヴェーダーンタ運動の本部には、この言葉と共に諸宗教のシンボル――十字架・卍字等――がきざまれているが、欧米思想の絶対唯一の真実という考え方と並んで東洋ことにインドには、絶対ではあるが共存する真実、という考え方があるのである。このことは、インドの最も古い宗教である『リグ・ヴェーダ』の神観に明らかに表われている。『リグ・ヴェーダ』に表われる神々はきわめて多数であり、三十三神とも三千三百三十九神ともいわれているが、その神々は、決してただ単に羅列併存しているのではない。一つの宗教行事に当っては、必ず一つの神が多くの神々の中から選び出され、最高神・本尊として、礼拝されるようになっている。本尊が「好みの神」（Iṣṭadevatā）と呼ばれるのは、このためである。

『リグ・ヴェーダ』研究の草分けであるイギリスのマックス・ミュラーは、『リグ・ヴェーダ』のこのような神の構造を「単一神教」（Henotheism）と呼んでいる。しかし、単一ということは唯一ということではない。ある目的に添って、ある場所である神を拝むということは、ちがう目的に添ってちがう場所では、ちがう神を拝むということを意味する。そういう意味では、主要神は常に交替するという構造を持っている。マックス・ミュラーは、この点を捉えて、『リグ・ヴェーダ』の神観念のもう一つの特色を「交替神教」（Kathenotheism）と呼んだ。

「単一神教」と「交替神教」は別な二つの宗教を指すのではなく、同じ性質の両面である。神崇拝を静止的に見れば、「単一神教」であり、時と所を変えて活動的に見れば、「交替神教」ということになる。マックス・ミュラーのこの分類は今日そのまま使われているわけではないが、唯一絶対なキリスト教的・ユダヤ教的神観とは、大きく異なるインドの神観念の特色をよく捉えているということはできよう。

マンダラの神観念、密教の仏陀観、その神秘主義の構造も、基本的には、この構造の外に立つものではない。密教の包容的世界観、寛容な人間観、いわゆるマンダラの精神は、いわば、インド的土壌ともいうべきこのような世界観の中から生まれて来たのであった。

密教のもう一つの柱である密教儀礼は、儀礼という性質上、いっぺんにはでき上らなかった。人間のさまざまな欲望を、神仏の超人的能力にたよって実現しようとするのが、儀礼であるから、論理によっては、割切れない複雑で多岐な人間の欲望を反映している。インドにおいても、ことはまったく同様である。いや、自然科学的思惟が未発達なだけ、儀礼に頼っての欲望充足の念は、他の地域よりも、もっともっと性急で、しかも根強いものがあった。

五世紀初めに、曇無讖《どんむしん》によって訳された、『大方等無想経《だいほうとうむそうきょう》』などは、まさにインド的要請に対する仏教的解答であった。この経典は、雨に対する呼びかけの経典であった。雨のほしい時は雨を呼び（請雨《しょうう》）、雨にやんでもらいたい時に、晴れを願う（止雨《しう》）という、いわゆる『請雨止雨法《しょううしうほう》』の経典である。苛烈な自然条件のもとに生きるインドの農村共同体の人々にとって、最初にして最大の要求であり、インドの密教家がこれに答えるのは、まことに当然の義務であった。

科学的思惟の未発達な古代インドにあって測り知れぬ自然的・人為的災難を予防しようとして、超自然力に庇護を頼もうとする意向が起るのも、自然のいきおいである。中国・日本においても、威神力《いじんりき》（仏の不思議な力）第一といわれる『大元帥明王法《だいげんすいみょうおうほう》』が生まれたのも、ほぼこの時期であった。大元帥明王は、森の神、曠野の神といわれるが、その素性は良くわからない。しかし、大元帥大将といわれる名称が、近代の陸海軍の元帥、大将の称号に残っているように、武神の代表、力の象徴と考えられていたことはまちがいない。この明王が、いかにその威徳がすぐれていたと思われていたかは、大聖歓喜天《だいしょうかんぎてん》に祈願しても効験《こうげん》あらたかでない時、この大元帥明王に頼ればいい、とされることからも察しがつくであろう。

不安を解決する神々は、この後も、益々要請せられ益々発達していった。七世紀の前半には、現世的要求を火を焚くことによって神々に呼びかける、密教独得の修法「護摩法」が大発達を遂げ、『蘇悉地経《そしつじきょう》』『蘇婆呼童子経《そばこどうじきょう》』『蕤呬耶経《ぐひやきょう》』等の大経典が成立した。これらは、前に見た、インド古来の火の祭り方、すなわち、事火《じか》の方法を仏教的に大成し、息災、増益、調伏等の目的を達成せんとするものである。

密教を理論的に大成した『大日経』『金剛頂経』が、これら密教儀礼についても、細かく言及し、その理論的裏付けをしようとしたことはもちろんであるが、その成立年代である七世紀を過ぎても、密教の儀礼に対する関心は強まりこそすれ、決して弱まってはいない。

八世紀に入ってから『一字仏頂輪経《いちじぶっちょうりんぎょう》』という経典が中国で翻訳せられたが、これは、一字仏頂輪仏という仏の加護によって、あらゆる種類の現世的欲望を成就《じょうじゅ》せんとするものである。

このように、インドの密教は、思考能力とそれを超える限界を一方において熱烈に求め、他力において、そのような超自然的心性が、人間にもたらす超自然的可能性に熱心に注目した。言葉を変えて言えば、思想的には神秘主義、実践的には儀礼、この二つこそ実に「秘密の教え」の欠くべからざる二つの柱であった。この二つの柱は、ほぼ七世紀のインドにおいて大成され、中国・日本に渡ったわけである。では、これを受け入れた中国・日本には、どのような精神史的必然あるいは文化的要求があったのであろうか。

国際都市、長安

紀元七世紀の日本では、文明はまだ夜明けであったが、同じアジアの中でもインドと中国はすでに千年以上の文明を過ごしていた。中国を見てみると都は東の洛陽から西の長安（今の西安）に移って既に久しい。このころの長安は、当時の世界の他の大都会のどこに較べても、規模と性質においてたちまさったものがあったと思う。近いところで、当時のインドの首府パータリプトラ（華氏城）に較べてみても、はるかに大都会だった。人口や都会の施設はしばらくおくとしても、決定的にちがうことは、長安は国際都市であるのに対し、パータリプトラには、その性格がなかったということであろう。

地図を広げれば、すぐわかるように長安は西に広くトルキスタンなど中央アジアへの道を開いている。玄奘三蔵のいわゆる『大唐西域記《だいとうさいいきき》』の道がそれである。玄奘はこの道を通ってインドにおもむいたことは、改めていうまでもないが、この道がインドで終らないこともまたいうまでもない。二十世紀初めのドイツの大地理学者リヒトホーフェンが「絹の道」（ザイデン・シュトラッセン）と名付けたように、この道は中国の絹がはるかヨーロッパのローマへ通じる道であった。

同時に長安は、東にも南にも北にも強い関係を持っていた。唐に先立つ隋の時代から、わが国がこの国と公式の関係を持ち始めたことで知られるように、長安は新興日本の文化人にとって、見果てぬ夢の都であった。

長安を目指して集ったのは、良馬・金銀・財宝ばかりではない。インドの仏教も、ペルシャのゾロアスター教も、ローマを追われた異端のキリスト教ネストリウス派（景教）も、長安で一堂に会していた。こと仏教についてだけ見ても、重要な経典の翻訳も、その注釈も、その講義も、そしてさらには、それに基づく宗派の成立も布教もすべてその重要なものは、この長安においてなされたといっても過言でない。『法華経』を翻訳したクマーラジーヴァ（鳩摩羅什《くまらじゅう》　三四四〜四一三）も、『阿毘達磨倶舎論《あびだつまくしゃろん》』を翻訳したパラマールタ（真諦《しんだい》三蔵　四九九〜五六九）も、皆はるばるインドからこの町を目指し、この町で活躍し、この町で死んだ人達であった。

長安は、七世紀のニューヨークであったともいえよう。

ちょうどこの頃インドで完成した仏教の最後の華、密教は、時を移さず長安に運ばれた。完成された密教の一方の流れである『大日経』系の密教（胎蔵界密教《たいぞうかいみっきょう》）は、セイロン生れの大阿闍梨《あじゃり》シュバカラシンハ（善無畏《ぜんむい》）によって、『金剛頂経』系の密教（金剛界密教《こんごうかいみっきょう》）は、インド生れの大三蔵ヴァジュラボーディ（金剛智《こんごうち》）、アモーガヴァジュラ（不空金剛《ふくうこんごう》）によって、いずれもこの頃長安にもたらされていたのであった。

大きく言えば、人間の思想には、常に二つの側面がある。一つは、総合であり、一つは分析である。あるいは、一つは直感であり、一つは観察であると言ってもよい。仏教においてもこの二つの流れは常に歴史上に並行し、直感的な中観派と分析的な瑜伽行唯識派《ゆがぎょうゆいしきは》とは、大乗仏教の二つの雄であり続けた。

大乗仏教を止揚しようとした密教においても、この流れはやはり二つの流れとして行なわれ続けたことは、先に見た通りである。前者が胎蔵界系密教であり、後者が金剛界系密教である。

この二つの流れが一つになるには、インドではさらに二世紀近くの年月が必要であった。インドの密教とは、二つの流れを統一した最終的な密教を「最上の教え」（無上瑜伽《むじょうゆが》タントラ）あるいは「最上の教えの中の最上なる教え」（無上瑜伽タントラ中の不二《ふに》タントラ）と呼んでいる。これは一つの思想史的努力であった。しかし、この努力は必ずしも、全面的に成功したとは言いにくく、安易な道をも開く畏れがあった。いわゆる「左道密教《さどうみっきょう》」（Vāmācāra-vajrayāna）がそれである。それは、直感と分析という両立困難な課題を性的経験、特に性的冥想のうちに求めようとするものであり、その実践には極めて危険な要素が含まれるものであった。

戦前の満州・蒙古を旅行された方であったら、ラマ教寺院で多く目にされたであろう男女の合体仏（ヤブ・ユム仏）がそれである。日本においてこれを見ようとすれば、わずかに、先述の象面人身の歓喜天《かんぎてん》（聖天《しょうでん》）に伺うことができるだけである。

中国や日本には、この左道密教は全面的には伝わらなかった。長安に伝えられたのは、インドの無上瑜伽タントラ以前の密教の二つの流れであった。大日経系の密教と、金剛頂経系の密教がそれである。後期のインドの密教家の分類に従えば、いわゆる「行《ぎょう》タントラ」と「瑜伽《ゆが》タントラ」である。

「無上瑜伽タントラ」を待たずして、「行タントラ」と「瑜伽タントラ」の総合を果たす、これこそ中国密教の、従って日本密教の課題なのであった。

直観と分析は融合すべくして融合し得ざる永遠の課題である。この課題を長安の国際的・文化的環境は、徐々にではあるが、確実に果たそうとしていたのであった。

空海、唐へ渡る

文化的気運というのは不思議なものである。七世紀東アジアの世界史的課題を一身に受け止める力のある英才が、東アジア東端のこの日本に出たのであったから。

この英才が空海弘法大師である。空海の役割とその幸運は、今まで見たような世界的課題が東アジアで醸成されていた正にその時期に、生を享《う》け、唐に渡り、長安で学ぶというその気運にめぐり得たということであろう。ここでは、空海の生涯をこと細かに繰り返す必要も、余裕もない。しかし、次の三つのことだけは掲げておこう。

まず第一に空海はたぐいまれなる学問的能力の持主であったということ。これは今日でも「三筆《さんぴつ》」とか「弘法も筆のあやまり」とか言うような表現に残っているように、わが国の自覚された学問の鼻祖である。このことは、空海二十三歳の著作『三教指婦《さんごうしいき》』三巻だけによって見てもあまりにも明らかである。

第二に、われわれにとって幸運であったことは、空海のこの能力が国内的・官僚制的方向に志向せず、宗教的・国際的方向にのびたことであった。『三教指帰』はまさに、若き日の空海が、世間の学と、世間の栄達に失望し、永遠の道としての仏教にその道を見出した発心の書であったのだ。

第三に、この空海を迎え入れる準備が長安においてできていたこと。前に見た密教の二つの流れは、当時の長安の青龍寺の恵果阿闍梨《けいかあじゃり》において、一身に受けつがれていた。恵果は、この二つの思想史的課題（両部大法《りょうぶだいほう》）を伝えるに足る器の弟子を探し求めていたのであった。

空海の渡唐に、天と命とを感ぜざるを得ないのは当然であろう。

「空しく行きて満ちて還る」とは、二年の中国留学を終えて帰朝した空海の感懐であるが、実はこれは空海の意気込みないしは、謙遜であっても、事実そのものとは思えない。「満ちて還る」はあるとしても、「空しく行く」のは、今日の若者の海外留学には少なくないらしい。空海は「満ちて還った」のも事実であるが、決して空しく行かなかった。充分な準備と問題意識を持ち、満々たる自信と不退転の決意とを持って、中国に渡っている。

まず彼は、伝記作者のいわゆる「空白の七年」の時期を過ごしている。空白の時期は、後に示された事実によって推察する他はないが、この七年間に、彼が後年示した和学・儒学・仏教学の基礎的素養と、修行大師の言葉で表わされるような、山林優婆塞《うばそく》的精進の毎日を過ごしたことは疑いない。

この結果、彼が行きついた思想上の分岐点が『大日経』であった。『大日経』は、伝説に従えば、若き日の空海にとって大和の久米寺において、「感得《かんとく》」されたということになっている。そしてさらに同じ伝説は、この未顕の経典を発見し、読破し、感激した空海が、しかもなお少なからざる疑問点の存在することに、発奮し、その疑問点解決が、渡唐の動機になったと伝えている。その疑問点とは、主として経典中の秘密の呪句《じゅく》、すなわちダラニに関するものと、秘密の宗教的実践、すなわち事相《じそう》に関するものとであったようであるが、私は、空海の帰朝後のあの爆発的な活躍からして、疑問は決してこの二つにとどまらなかったのではないかと思う。

帰朝後の空海の活動は、要約すれば、以前からの仏教の総合と新しい仏教の創出にあったのではないか。とすれば、空海の仏教への疑問も、その解決のための努力も一にかかって、仏教の全般的理解にあったはずである。

先に見たように、八世紀までのインドの仏教史は、常に二つの思想的潮流の対立と交流の繰り返しであった。一つは直観的に事物の非実体性を見抜き、無執着による自由自在の境地の実現を目ざす考えで、これは学派的には、中観派、経典の上では『般若経《はんにゃきょう》』『法華《ほけ》経《きょう》』など、論理よりも直観的真実を重んずる経典のうちに開花した。

これに対して、もう一つの流れは、論証・認識・修行などを重んずる考え方で、インド仏教においては、宗教的実践すなわち瑜伽行《ゆがぎょう》（ヨーガの実践）と、仏教的観念論、つまり唯識《ゆいしき》（実在は唯意識《ただいしき》のみと見る）との融合をめざす瑜伽行唯識派《ゆがぎょうゆいしきは》とであった。

直観と認識、あるいは総合と分析とはひとりインドにとどまらず、いわば全人類史的課題として、つきせぬ謎の一つである。この謎は、インドで大乗仏教の成立した二世紀の頃から密教成立以前の七世紀の頃まで、さまざまな経典と数々の論書において繰り返し繰り返し論ぜられてきた。

この課題を密教が受け継がない道理はない。直観的学派すなわち中観派は、その課題を、先の『大日経』に伝えている。分析的、実践的学派である瑜伽行唯識派の学説は、『金剛頂経』にその問題点を移行させた。中国・日本の密教の人達が好んで口にする「金《こん》胎《たい》の不二《ふに》」あるいは、「金胎両部《こんたいりょうぶ》」という考えの成立する必然性は、実は、以上に見たようにインド仏教史的な長くして重い課題だったのである。

インド仏教史的課題を中国的風土で受け止めたのが、長安の青竜寺の恵果だったということになっている。しかし、ここでもまた恵果の行実《ぎょうじつ》には不明の点が多く、われわれは、恵果が空海の師であるというそれだけの事実から空海を通して恵果という存在を忖度《そんたく》するほかはない。その困難な想像力にたよっても、恵果は彼の時代までに別個に伝えられた金剛界、胎蔵界の二つの流れを一身に受け止めていたことは疑うことができない。しかも、幸か不幸かその二つの大きな教え（両部の大法）を伝えるに足るだけの逸材を空海を待つまで持ち得なかったことも事実である。とすれば、恵果の偉大さは、その名の示す通り長安という場所と盛唐という時代の二つの恵みの結果に大きくよっていると言えないこともない。

三章　空海の世界

空海の決意

空海が中国滞在中に示したさまざまの奇跡の物語や出色ぶりを示す逸話よりも、私は空海の苦心談の方により多くの共感と尊敬を禁じえない。

遣唐使の船に乗っての中国への渡海がいかに危険に充ちたものであったかがまずその一つの表われである。遣唐使に指名されたものが途中で逃亡したり、その別離の宴は涙の宴であったという史実（『性霊集《しょうりょうしゅう》』）によっても充分それはうかがえるし、向うからこちらへ来た鑑真《がんじん》和上（六八八〜七六三）が六度の渡海の後、ようやく来日に成功したこと。しかしその苦労の結果、ついに身は盲目となってしまったことなど、その大師号が過海《かかい》大師であることによっても、その苦難の一半は想像することができよう。

この同じ苦労は、空海も、波に呑まれはしないか、魚や亀のえじきになりはしないか、という古代人らしい素朴な恐れが繰り返し説かれている（『性霊集』）。

ようやく中国にその歩みをうつしてからも、その到着地に、最終目的地である都、長安からはもとより寄港地である福州や明州からも遠く隔たった所であった。そこではまず身分を疑われ、不審訊問を受け、惨憺たる苦心の後にようやく国内旅行の許可を受け長安へと向ったのであった。その旅行も、苦労の連続であったことは、戦前の中国旅行者や戦時中の従軍者であったならば、思い半ばに過ぎるものがあろう（桑原隲蔵《くわばらじつぞう》『大師の入唐』岩波版全集第一巻）。

かくして都における空海の努力は、三つの大きな方向に従ってなされたように思われる。

その一つは、いうまでもなく密教の教理と実践のための研鑽で、それが青龍寺の恵果阿闍梨のもとで集中してなされたことは疑いない。

第二は、長安の国際文化的な空気の吸収で、青龍寺近辺の景教（キリスト教ネストリウス派）寺院、祆教《けんきょう》（ゾロアスター教）寺院から道教寺院すなわち道観やさまざまな廟などのたぐいを頻繁に訪問して歩いたことであった。これが後に到って空海の宗教、ことにさまざまな神を祀ってさまざまな目的を祈る祈り方、いわゆる「諸尊法《しょそんぽう》」の成立に大きな関係があったことも見落してはなるまい。

第三は、資料の収集である。これは今日といえども、よき留学者であれば、必ず心すべき心構えのはずである。限られた時間と限られた行動範囲の中にあって、いかなる天才、いかなる努力家といえども、いかにして一時にそのすべてを学び取って帰ることができようか。一時になし得ないとすれば他日を期す他はない。他日を期すとすれば、そのための準備をする他はない。その準備が資料の収集である。

しかし、この収集に当っても、その掌にあたる人の能力と素養が反映することももちろんのことである。空海はそれをもっとも理想的な形でなし遂げた。その成果のリストが今日に残る『御請来目録《ごしょうらいもくろく》』にほかならない。われわれは、これによって空海の帰朝がすなわちそのまま日本密教の成立であったことを知るのである。

空海の立宗の決意がなみなみならぬものであったことは、その帰朝報告『御請来目録』に見ることができる。「空しく往きて満ちて帰る」の言葉に見られるように、空海は一年の留学によって一挙にその宗教的完成を成し遂げて帰って来たのであった。『御請来目録』には、自ら請来した仏教を「金剛乗」といい、あるいはまた、凡人のうかがい知れぬ秘密の教えを「密蔵」といい、あるいはまた、最上の教え、すなわち「最上乗密蔵」とまで称している。彼のこの不退転の決意と絶対の自信は、しかしそのまま実現せられるほど容易ではなかった。

その証拠に、中国から帰って来た彼は、しばらく大宰府にとどまり、直ちに都に上っていない。この間の事情はよく知られていないが、恐らくすぐ都には帰りにくい、あるいは帰らない方がいい、何らかの事情が働いていたのであろう。

このデッドロックを打ち破ったのは、空海自身の名声・可能性と、それを知る政治責任者、ことに嵯峨天皇の知遇であったものと思われる。

朝廷と仏教との飛鳥・奈良を舞台とした長い錯綜した関係を知りつつ、しかもなお嵯峨天皇は、空海に賭けた。空海を措《お》いて新しい日本、平安の日本は開かれない、こう判断した嵯峨天皇は、やはり空海にとっての生涯の知己であったというべきであろう。

これをただ個人的な知己という言葉で、解釈し終えたとするのは、近代人の理解と感覚に過ぎない。奈良時代を終え、平安時代に入ったばかりの古代日本は、朝廷がもっとも朝廷らしく為政者としての機能を発揮した時代であり、その機能を発揮するのは、個人としての朝廷の責任者、すなわち天皇であるという、そういう時代であった。

インドにおける多くの大小乗経典、ことに密教経典——『孔雀王経《くじゃくおうきょう》』『守護《しゅご》国界主陀羅尼経《こっかいしゅだらにきょう》』——などが力説した、仏法による国王の善導は、この平安日本においてもっとも典型的にその適応の舞台を見いだしたのであった。

空海と嵯峨天皇の関係は、あくまでも古代社会における帝師（purohita）と国王（rāja）との関係なのであって、現代の感覚よりする権力者と阿諛《あゆ》者との関係では断じてなかったのだ。

とまれ、空海が嵯峨天皇の知遇により、立宗の使命と可能性とを持って上洛したことは間違いなく、これによって密教が日本の真言宗として開花したのである。

その天才性と庶民性

空海弘法大師には二つの異なる側面があるものと、一般に理解されている。

そのひとつは「天才としての空海」像である。「弘法も筆の誤り」とか「弘法は筆を選ばず」というような俚諺《ことわざ》がその認識を示しているし、事実、空海の著作に当ってみると、その学問の深遠なこと、文章の美妙なこと、博引にして傍証に富むこと、ひとつとしてわれわれを驚かしめないものはない。ことに『三教指帰《さんごうしいき》』のごとく、空海二十三歳の作というこことが判っている作品をみると、ますますその感を深くする。たとえば次のような文章を一覧して、だれがこれを青年白面の作と思うことができるであろうか。

文の起り必ず由《ゆえ》あり。天朗かなるときはすなわち象《しょう》を垂れ、人感ずるときはすなわち筆を含む。このゆえに鱗卦《りんくわ》、聃篇《たんべん》、周詩《しゅうし》、楚賦《そふ》、中に動いて紙に書《しる》す。凡聖貫殊《ぼんしょうつらこと》に、古今時異なりといえども、人の憤《いきどお》りを写す、何ぞ志を言わざらん。(『三教指帰』巻上・序)

大意をとれば、心中動くものあれば必ず文となりことばとなって表われる。その例は中国の昔に極めて多い。私もこれから小文をものにするぞ、という決意の披瀝である。これらの語句を、大学で中国文学、哲学などを専攻している学生ならば別として、一般の二十三歳の青年で、そのまま理解しうる人は、数少ないのではあるまいか。さらに自ら筆をとって、これだけの文章を書く段になれば、よほどの大学者といわなければなるまい。

事実、『三教指帰』の注解・訳読は古来から至難とされ、往古の古注を参照しつつ、なお、今日の中国学者・仏教学者が心血を注いで研究に努め、その万全を帰しているほどなのである。空海天才論は、この一事をもってしても打ち消すことのできぬ声であることが判るであろう。

第二の空海像は庶民性である。いわゆるお大師様伝説がそれである。

空海弘法大師にまつわる伝説には、いくつかの特色がある。ひとつはその全国性である。空海にまつわる伝説は、池沼の開拓、温泉の開鑿《かいさく》、橋梁の架設、道路の設営等々。主として福利民福に関するものが多いが、それら伝説のうち、讃岐国の万能池《まんのう》、大和国の益《ま》田池《すだのいけ》など、空海が直接、間接に指導にあたったことが、はっきりしている例は実はきわめて稀であり、そのほとんどは、真偽不明の口碑伝説の類を出るものでない。

もちろん、このような伝説を無数に産み出す魅力・人気こそ、いま見る空海の庶民性という第二の特色の秘密を解く鍵なのであるが、その鍵は、万能池、益田池に伴う記録と伝説を仔細に対比すると見出されるように思われる。

まず万能池（ふつう満濃池と書く）は、現在でも香川の多度郡一円を潤している日本一の溜池《ためいけ》であるが、これは空海の開拓ではなく改修である。開拓は、空海より百年も前の、大宝年間（七〇一～七〇四）のときにかかったのであるが、地勢のため、決潰《けっかい》することが絶えなかった。とくに弘仁九年（八一八）の大決潰は、この地方一円を泥海と化すほどのもので、朝廷は、弘仁十一年（八二〇）築池《ちくち》使《し》路浜継《みちのはまつぐ》を派遣して修築にあたらせた。三年がかりで工事を進めさせたが、工事を畢《お》えることができなかった。空海はこれを、弘仁十二年（八二一）の六月から九月までの、わずか三ヶ月あまりで完成させてしまっているのである。

これでわかるように、一般に思われているように、万能池は空海が開鑿したものではないのである。しかし、開鑿以上に大きな力をもって、万能池の発展・維持に功があったことがわかるであろう。

この大功がさまざまの伝説を産むことになるのだ。すでに『今昔物語』には、二ヶ所もこの池に関する言及があり、いずれも弘法大師の拓いたものとしている。

たとえば、巻第二十の「竜王、為天狗被取語《てんぐのためにとられたることば》第十一」の書き出しは次の通りである。

今は昔、讃岐国、多度の郡に、万能の池と言ふ極て大きなる池有り。其《その》池は、弘法大師の、其国の衆生を哀《あはれ》つるが為に築給《つきたま》へる池也。池の廻《めぐ》り遙に広《ひろく》して、堤を高《たかく》築き廻したり。池などは、不見《みえ》ずして、海とぞ見えたり。池の内底ひ無く深ければ、大小の魚共《ども》量無し。亦竜の栖《すみか》としてぞ有《あり》ける。

このほか、同巻第三十一の「讃岐国満農池頽国司語《さぬきのくにのまののいけくずしたるくにのつかさことば》第二十二」も冒頭はほぼ同文で、ともに、弘法大師（高野大師）が讃岐国の人々を哀れんで、この池を築いたのだとしている。池の改修者である空海が開鑿者であると考えられ出したのが、きわめて古いことが知られる。

実物の上にあらわれた口碑も少くない。昭和五年（一九三〇）の改修までは、護摩たき岩、神野《かんの》神社岩があり、その中間の小島を結んで、堤防を池の内側に張って水圧に堪えるように設計してあったが、改修後は護摩たき岩のみが残っている。これは『弘法大師行《ぎょう》状集記《じょうしゅうき》』にもあるように、空海が池畔で護摩垣を築いて秘法を修して完成を祈念したという伝えを示すもの、と考えられている。

大和国の益田池についても同様に、事実と伝説が交錯して、われわれに空海の庶民性と同時に偉大性を教えてくれている。これは空海の友人である伴国道《とものくにみち》が工事の任に当り、弟子の真円が築池別当に任ぜられたことはあったけれども、工事に空海が直接携ったわけではなく、完工記念に空海が碑銘を選したものなのである。それだけの縁なのに、空海がつねに益田池と結びつけて記憶されるようになったのは、やはり、万能池で見せた空海の手腕と声望が一世を驚倒させたからであろう。

さらに、寺院の開基に帰せられる空海の例の多いことは一驚に価する。全国の全寺院を調査したわけではないが、筆者がかつて全国の古寺、名刹約五百七十についてその開基を調査したところ、空海を開基とするもの六十一ヵ寺、行基を開基とするもの四十六ヵ寺で、この二人が俄然他を圧していたことが判明した。日蓮十五、法然十二、親鸞十四、円仁（慈覚大師）十六、円珍一など、平安・鎌倉の祖師も、寺塔の開基ということになると、はるか空海・行基に及ばない。

もちろん、時代の下る祖師は、事実上の開基であるという点で、古い時代のこの二人とは違うということは考えられよう。しかし、事実でないにもかかわらず、この二人が圧倒的多数で開基とせられるところに、かえってその「人気」のほどが伺えるのではなかろうかと思われる。

このことは、役小角《えんのおづぬ》十四ヶ寺というような特異な例にも如実にあらわれているところでもある。このほか、温泉・橋梁・道路についても同様なことが考えられるけれども省略する。

空海に見られるこの二つの面――天才性と庶民性――は一体、どのように考えたならば辻褄があうのであろうか。どちらかが事実で一方は虚偽なのであろうか。両方共に虚偽なのであろうか、それとも両方ともに事実なのであろうか。

私は両方ともに事実であったと考える。そして、その秘密を解く鍵が「努力」であり「修行」であったと考えるものである。

空海の伝記を研究する学者たちが、不明とする期間がいくつかある。まず生年十五に及んで入京し、はじめて石淵《いわぶち》の贈僧正大師勤操《ぞうそうじょうだいしごんそう》に逢って大虚空蔵並びに能満虚空蔵の各法を受けた前後。大学に入ったのか入らなかったのか、師匠は誰であったのか。いつまで儒教を学び、いつから仏道へ入っていったのか等々、疑問は極めて多く、今日の学界でも未解決の問題が少くない。

もうひとつは、延暦十六年（七九七）十二月一日、『三教指帰』（もしくは『聾瞽《ろうこ》指帰』）を書き上げてから、延暦二十三年（八〇四）七月六日、入唐のため出発するまでの七年間で、これも学者が「謎の七年間」と評するように、杳《よう》として消息の判らない期間で、公文書の上では、『続《しょく》日本後紀』四に、「（空海は）書法に在っては最も其の妙を得たり。張・芸と名を斉《ひと》しくし、草聖と称せらる」とあるぐらいである。

しかし、よくよく考えてみると、この二つの期間には、一つの大きな共通点がある。それは、両者ともに空海の雌伏の大修行の期間であり、のちの発展のための潜在勢力涵養の時期であったという点である。

しかもその間の努力は、のちの「修行大師」の像が象徴するように、山野を跋渉《ばっしょう》する、いわゆる久修練行《くしゅれんぎょう》の言語に絶した苦しい修行によって払われるものであり、到底、努力を伴なわぬ「先天的」「生得」の天才の歩むところではない。

『三教指帰』巻上・序の、次の文は、空海の若き時代の苦行を示して余りあるものがあろう。

爰《ここ》に一つの沙門有り。我に虚空蔵求聞持《ぐもんじ》の法を呈す。其の経に説かん、「若し人、法に依って此の真言一百万遍を誦《じゅ》すれば、即ち一切の教法の文義諳記することを得」。ここに大聖の誠言《じょうごん》を信じて、飛燄《ひえん》を鑽燧《さんすい》に望む。阿国大瀧嶽《りょうのたけ》に躋《のぼ》り攀《よ》じ、土州室戸崎《むろとみさき》に勤念《ごんねん》す。谷響《たにひびき》を惜しまず、明星《みょうじょう》来影す。遂に乃《すなわち》朝市の栄華念念に之を厭ひ、巌藪《がんそう》の煙霞日夕《にっせき》に之れを飢《ねが》ふ。

この文によって、われわれは、空海の努力が「虚空蔵菩薩求聞持法」に従ってなされたこと、その「法」が読誦《どくじゅ》百万遍で教法諳記を可能にする、一種の精神集中法であったこと、さらに、この「大聖の誠言」（仏のことば）を信じ実行するのが、山野の人絶えたところで昼夜を分かたぬ苦行であったこと等を知るのである。

この修行は、空海「天才」の秘密を解く鍵であると同時に、その「庶民性」の謎の鍵《かぎ》でもある。文中にも示すように、この苦行が日また一日と空海をして「朝市の栄華念念に之《これ》を厭う」ようにし、心を衆生済度・済生利民の大行に赴かしめたのであった。いうまでもなくこれは、「名を争うものは朝廷においてなし、利を争うものは、市場においてなす」という『左思蜀都賦注《さししょくとふちゅう》』の文に拠るもので、名利の念を苦行によって払い、精神が昇華されていっていることを示している。

ここにわれわれは、空海にあって「虚空蔵菩薩求聞持法」百万遍読誦という、いうなれば、もっとも単純化された口誦の行と、それに伴う、空閑処《くうげんじょ》（静かなところ）の修行こそが、空海という「天才性」と「庶民性」とを併せもった偉人の秘密を解く鍵であったことを知るのである。

さて、最後にわれわれは、この「求聞持法」とは、いかなる秘法であったかを見なければならない。ところが、残念なことに、この秘法を空海に伝えたのが誰であったか、世に伝うるごとく勤操大徳であったのか、『三教指帰』の記述のごとく「一《ひとり》の沙門」であったのかさえ、今日の学界では確定し得てはいない。さらに、「求聞持法」自体、空海自らが行なったところのものは、今日に伝わらず、後世のものが知られるのみであることがわかる。

しかし、それから帰納してみると、虚空蔵菩薩を本尊とし、その真言を一定の場所で所定の期間中で百万遍唱える、という単純な作業の繰り返しである。

この真言は、「南無《なむ》、阿迦《あか》奢揭《しゃか》婆耶《ばや》、唵《おん》、摩哩《まり》、迦摩哩《かまり》、慕利《もり》、莎嚩賀《そわか》」。

この真言一遍を唱えるのに、約三・六秒。従って百万遍唱えれば三百六十万秒、すなわち六万分、すなわち一千時間、約四十二日間ということになる。もちろん飲まず食わず眠らずと仮定してのことである。このほか「求聞持法」は、今日残るさまざまな秘法『求聞持加用秘印言』『求聞持の大事』など、諸流の秘法ひとつを見ても、蘇油《そゆ》（牛酪から精製した油で、護摩を行う時諸尊に供養するもの）の作法についてさえ種々の秘法があるのであるから、到底四十日ばかりで成満《じょうまん》するはずはなかった。

これはやはり律令的、体制的な大寺院の修法とは別な、私度僧、山林修行僧の特殊な苦しい修行法であったとしか考えられない。このところに想いを至すとき、われわれは改めて空海の「天才性」と「庶民性」は同根の二枚であり、それを育て培ったものが、このような「虚空蔵菩薩求聞持法」という、単純な、苦しい修行の繰り返しであったことを再思せざるを得ない。

空海の魅力

いま述べたように、日本の古寺名刹五百七十ヵ寺のうち、その開祖に帰せられる高僧・智識で、いわゆる鎌倉新仏教の代表者たち——法然・親鸞・道元・日蓮等——はこの世界ではほとんど無力である。主役は旧仏教の二人の代表者——奈良仏教の行基と、平安仏教の空海弘法大師が、まさにその代表者であった。先の五百七十ヵ寺についていえば、空海六十一ヵ寺、行基四十六ヵ寺で、これがベスト二である。因みに鎌倉新仏教の指導者を開基とする寺々を見れば、親鸞十四ヵ寺、道元三ヵ寺、法然十二ヵ寺、日蓮十五ヵ寺等が見られるにすぎない。

これらの数字が、そのまま歴史的事実として開祖を示すものでないことは改めていうまでもない。しかし同時に、この数字が、開祖として誰を仰ぎたいという「思想史的事実」を示していることも否定できないことはあまりにも明らかである。つまり、弘法大師空海の、寺院史、寺院中心的信仰史における位置は圧倒的である、ということである。これはいくら、最近の知識人やサロン的仏教徒が親鸞・道元をもちあげようと、どうにも動かすことのできぬ事実である。津々浦々では、親鸞や道元も、「お大師様」の人気の足元にも及ばぬという事実である。いったいこれは何故であろうか。

まず第一に、弘法大師空海を産んだ四国の風土が、いかに日本人の大方にとって親しみやすいものであったかを考える必要があろう。今日でも弘法大師ゆかりの四国の寺々が、いわゆる「四国八十八ヵ所」の寺々として、人々に親しまれていることは改めていうまでもなかろう。ことに八十八ヵ所巡拝（遍路）と季節の関係はきわめて日本的である。春、桃の花の訪れと共に、四国路にチラホラと見えはじめる、お遍路様の白衣姿は、桃の花にも勝る春の訪れである。四国路の山あいの村々は、お遍路さんの白い衣の姿とともに段々畑の菜の花をほころばせるのである。

そのお遍路さんの背中にかかれている文句は何か。

誰も知る「同行二人《どうぎょうににん》」のことばである。ただ一人で歩いていようとも、必ず同行する人が一人いる。それが弘法大師だという信仰は、どのように人生の辛さ淋しさに打ちひしがれたものに対しても、静かな春の喜びをもたらしてくれるに相違ない。

空海弘法大師の宗教は、その生地である四国讃岐の多度浦の風光と無関係でない、とは夙《つと》に学者の指摘するところ（宮坂宥勝・梅原猛共著『生命の海』昭和四十三年、角川書店、一六頁）であるが、国民的な人気をもつ空海の宗教とその生地は、いうなれば日本人の宗教と土地の代表であったといってよかろう。西国の観音の三十三処霊場の巡拝と並んで日本人が四国遍路を愛しつづけたのは、弘法大師の大きな人格と共に、それをあらわすにふさわしい風土があったからである。

空海の宗教はいかなる意味で、日本人の宗教の代表ということができるであろうか。ただ単に、その生地の風光が、日本人の平均的鑑賞に耐えるからだけではあるまい。私は空海の宗教の本質が、日本人の奥深いところで適合していたと見る以外に、この謎を解くことはできないと思う。

では空海の宗教の本質とは、どのようなものであったか。

空海の宗教は、「真言宗」といわれ、また「真言密教」ともいわれるものである。このほかにもいろいろの呼び方はあるけれども、真言宗という呼称はもっとも一般的である。真言とは、仏の言葉、仏語をいう。人の言葉は真実の一面か一部分しか、時として誤謬を含みつつ相対的にしか示しえないのに対し、仏の言葉は真実の全体を誤謬なく伝えるものである。すなわち、前者が時として「不実語《ふじつご》」となりうるのに対し、後者は、常に、絶対的であり「実語」である。空海の宗教は、この仏の言葉を直接に聞きとろうとする宗教であった。

では、仏の言葉とはどのようなものであり、どのような音色《ねいろ》をもって響いてくるのであろうか。

まず第一に、それは耳だけで聞くものではない、ということである。声なき声、音なき音である。

「仏法僧《ぶっぽうそう》」と鳴き声の聞えるために、その名も「仏法僧」と付けられた鳥がある。仏を讃える鳴き声は、何もこの鳥に限ったことではない。滝の音も、梢を吹く風もすべて仏を讃える念仏の声と聞くのは、長い仏教徒の慣用句であった。真言宗の信仰を支えるのが、仏教徒、ことに日本の仏教徒の、このゲミュート（感性）であったことは間違いない。

さらにいえば、それは、仏教の伝来を待つまでもなく、日本の美しい風土に育まれた日本人の最初からの自然観であり人間観であり宗教観であったのだ。それがいま、自然のうちに、人間のうちに、万物のうちに宿る仏の声を聞こうとする「真言の教え」に接するに及んで、日本人の血の最も奥深いところを流れる「万物肯定」の精神は宗教的・哲学的基礎を得たといえるのではなかったか。

しかし、「耳あるものは聴くべし」（『新約聖書』「マタイ伝」十三の九）である。耳あるものにとって初めて、自然は仏の声を奏でてくれる。自然のうちに潜む声を聞き、仏のふところに跳びこむことのできるものにとってこそ、自然は自然であると共に、それ以上神秘なものとなるはずである。真言の人々が、単なる自然愛好者や原始回帰主義者ではなく、日本の代表的な神秘家であったのはこのためであった。

弘法大師はこのことを、その『即身成仏義』の中に、はっきりと次のように示している。

三密とは、一には身密、二には語密、三には心密なり。法仏の三密は甚深微細にして等覚十地も見聞すること能わず、故に密という。一一《いちいち》の尊等しく刹塵《せつじん》（細かく砕かれた国土、無数のこと）の三密を具して互相に加入し、彼此《ひし》摂持《しょうじ》（お互いに保ち合う）せり。衆生の三密もまたかくの如し。故に三密加持という（勝又俊教編訳『弘法大師著作全集』第一巻、山喜房仏書林、昭和四十三年、五二頁）。

右に見られるこの「三密」は、形而上学的には「六大」説と、認識論的には「四曼」説と結び合って真言密教の世界観を示している。

このうち、まず、「三密」こそ、日本の神秘思想の代表的方法論として注目すべきであろう。

「三密」とは「三つの秘密」をいう。「三つの秘密」とは「身体による秘密」「口による秘密」「こころ（意）による秘密」の三つで、「身密《しんみつ》・口密《くみつ》・意密《いみつ》」、または「身口意の三密」

というように表現してきた。

「身密」とは、われわれの身体による動作は、決してすべてが自分の意志で統一され、理性によって撰択され、しかるのち行動として実現されるものではなく、個人を超えた、より大きな何ものかによって統一され、選択され、実現されている、という事実を示している。つまり、自分のうちに内在し、自分を駆って行動に移す力と同質なものが宇宙にも内在するという考え方である。自分のうちにある力だけをとりだすとき、仏教徒はこれを長く「身体の行動力」、すなわち「身業《しんごう》」と呼んできた。

しかし自分だけに固有な「行動力」などというものが本来あるであろうか。人種が異なり時代を別にし、男女の差あり言語さえ一つでなくても、われわれは、理性のみならず感情も、意志さえも通い合わせることができるではないか。これこそ、すべての人間の、あらゆる差異の底に流れている共通性の賜でなくて何であろう。

インド人は早くから、この個人を超えた共通の根源的な力に気づいてきた。ウパニシャッドの哲学者たちが「ブラフマン」（梵）と名づけてきたものがそれである。シャーンディリヤは次のように、この「梵」が、われわれ個人（アートマン＝我）のうちに内在し、その梵と我は呼応しあって、内実は一つのごとくである（梵我《ぼんが》一如《いちにょ》）と提言する。

すなわち、万有の真理はブラフマンとよばれ、それは、われわれが経験するいっさいの事物と同一であると説明される。しかもこのブラフマンはわれわれの本来の自己であり、これをアートマンという。二つは同一である、と。
フランスのインド学者デュペロン（一七三一～一八〇五）は、アクバル大帝の曾孫ダラシャコーが梵語からペルシャ語に訳したウパニシャッド、すなわち『ウプネカット』をさらにラテン訳した。このラテン訳の『ウプネカット』によって、『ウパニシャッド』の精神に触れ得たショーペンハワーは大きな感動を受け、彼にとって「生前にそうであったのみならず、死後においても最大の慰安の書」（*Parerga und Paralipomena, II*）と記したが、この書の最大の特色を、「宇宙精神《ヴェルトガイスト》と個我《イッヒカイト》の一致」とあげている。いうまでもなく「梵我一如」の考えをさしているのである。

　密教家が、従来の伝統的な表現である「身業」を捨て、「身密」という新たな表現を採択したのは、一つには、インド哲学の独得の主客一致の哲学への回帰があると考えられるが、もう一つは、仏教千年の歴史を通じて苦しみ抜いた実在と現象の乖離を、何とか打破しようとする悲願があったことを見るべきであろう。

　仏教においては、真の存在、実在は「般若《はんにゃ》」ともいい「空《くう》」ともあらわす。万物は仮の姿をいまとどめているけれども、不変不易なる実体というものは決してない。いま生きて有る花も、人間も、時過ぎれば、枯れて散り、死して土に帰るように。仏教が万物の無実体（無自性《むじしょう》）を主張し、これを「空」と名付けたのはこのためである。

　この「空」を見抜く真の智慧を「般若」という。「仏智《ぶっち》」とも「真実智《しんじっち》」ともいうのはこのためである。「般若」は、古代インド語プラジュニャー、またはパンニャーの音写で、「完全な（プラ）智慧（ジュニャー）」を意味している。

　このように、「空」と「般若」は、真実そのものと、それを観る智慧という相関関係に立つ。昔から「空」を「所観の智」（観られる方の真実。客体としての真実）といい、「般若」を「能観《のうかん》の智」（観る方の真実。主体としての真実）としたのは、ここのところをさす。

　しかも、多くの『般若経』のさし示すところによれば、「空」と般若は二つであって二つでない。すなわち「能所不二《のうしょふに》」である。また、観る般若と、その般若によって救わるべき現実生活の苦悩（大悲《だいひ》）も、二つであって二つでない。「空悲不二《くうひふに》」である。二つであって二つでない（二而不二《ににふに》）。また、二つでなくて二つである（不二而二《ふににに》）。この課題こそ、インドの諸思想・諸哲学・諸宗教にとって、解決の法こそ異なれ、共通の、そして永遠の課題であったといってよかろう。密教家は、いま、これを「身内の秘密」として、その実践哲学の第一にとり上げたのであった。

「口密」も「意密」も同じ考えの上に立つことはいうまでもない。

　このような、個人を超えた根元的な力は、恐怖や共感のような、より日常的な世界においても常に経験することのできるところである。

　ヴェトナム戦争のはげしかったころ、あるテレビが、ヴェトナム南部の農村で行なわれたヴェトコン（南ヴェトナムの武装共産ゲリラ）狩りの様子を見せたことがあった。

農村にはいってきた南ヴェトナム政府軍とアメリカ軍の兵士は、農家を焼き立て、家畜を追い立て、ついに一人の青年をつかまえる。ヴェトコンの容疑者なのであろう。彼は縛られて庭の木の根元にくくりつけられている。そうされる前に、よほど痛めつけられたようで、顔や脛は傷だらけである。その彼の前を銃をぶら下げた兵士が行ったり来たりブラブラする。縛られた青年は、まったく無表情のまま、ただ眼が兵士たちを捉え追っている。「眼之を迎へて而してこれを送る」という『左伝』の古語の通りであるが、違うところは、その眼にこめられているのが情緒ではなくて恐怖であるというところであろう。

青年のこの恐怖は的はずれのものではなかった。数分後か、数時間後か、テレビでは判らないけれども、画面が一転すると、兵士たちの行軍が映し出される。その兵士の一人が何か長い羽毛のものをブラ下げている。鶏のようである。しかし、鶏にしてはいやに重そうだ。思っているうちに画面は、その対象にしぼられて、下げているものが大映しになる。驚くべきことに、それは鶏ではなくて、ついさっきまで、庭木にくくりつけられていた青年の、変り果てた生首ではないか。青年も口をきかず、兵士も一言も喋らなかったけれども、生命の授受のように決定的瞬間には、言葉などはまったく必要なかったのだ。

禅家では、仏道の極意は口舌で伝えられるものとは考えていない。心から心へと暗々裡に伝えられるものとして、これを「以《い》心伝心《しんでんしん》」（心をもって心を伝える）という。仏道の極意ではない、より日常的な次元でも、心が第三者の心に映じ伝わるのに、人為的な媒介

（ことばや説明）は不要である、何よりも顕著な例として、このテレビを眺めたものであった。

同じようなことは、「恐怖」とは対局に立つ「愛情」についてもいえることであろう。説明を多く要するような恋愛は、恋愛感情の開始以前か閉止以後であろう。活動期にある恋愛感情はそのような説明を必要としない。「眼は口ほどに物をいい」であるはずなのだから。

では、説明を拒絶するだけが「密」なのであろうか。「説明拒否」「判断中止」が「秘密」の同義語なのであろうか。決してそうではあるまい。もしそうであったならば、われわれは、そのような「密」の中に入ったのちにおいて、そこから少しでも積極的な生きる姿勢を産みだすことができるはずがないではないか。弘法大師が摑み、エックハルトが行動したように。

神秘主義は不可知論を含むが、それと同義語ではない。神秘の中、秘密のとばりから、言語や論理で表現しきれない真実を直接に体得・体認しようとする動きをいうものである。だから言語・論理の有効性と有限性を知悉することが第一の要件であると共に、そこから一歩突き抜けて、有限性の彼方にある、言語にも論理にも、およそすべての差別に縛られることのない、絶対的な真実、完全な自由の世界に入ることをめざしたのであった。弘法大師やエックハルトの行状は、この二つの観点から眺めなくては理解することができない。

問題は、第二の鍵である。すなわち、世の差別を超えるのは、差別的表現（論理・言語・分類・総合・科学など）に捉われぬようにした上で、そこから飛躍するために、具体的にいかなる姿勢が必要となるか、ということである。

弘法大師を含めて、密教の人々は、このような「秘密世界への跳躍台」は、自我への執われを断つことにある、とみていた。自我への執われを、仏教では「我執《がしゅう》」と呼び慣わしてきた。「我執」を断つことを「降伏《ごうぶく》」といい、断たれた状態を「無我」という。こう並べれば、密教の人々の目指した「秘密の世界への跳躍台」も、仏教の長い歴史において展開されてきた課題と、一向に変わるところはないことになってしまう。

その通りであるといってよい。密教は、インドでは多くの場合「金剛大乗」（vajra mahāyāna）と呼ばれてきた。大乗仏教の最高なるもの、の意味である。その金剛大乗が大乗仏教と異なるものであるはずはなく、大乗仏教が、釈尊の根本仏教への回帰をめざす以上、それと別物である道理もない。

密教においても、大乗仏教の主目標である「無我」が同様に継承され、そのための「降伏」の修行が強調されるのは当然以上に当然のことなのであった。

万物の肯定という境地に到達し、人間のあらゆる傾向を「清浄《しょうじょう》」なものとして認めた『般若理趣経《はんにゃりしゅきょう》』が、十七段に分かれるほとんどすべての章において「降伏」を説いたのはこのためであったとみるべきであろう。「降伏《ごうぶく》」と、こんにちいう「降伏《こうふく》」とは違う。「こうふく」とは、力尽きて争う相手に屈伏することをいうのであるが、「ごうぶく」とは、より大きな力を得るために、自分のうちに巣喰う、小さな欲念や邪心に打勝つことをいう。

弘法大師もまったく同じ観点に立っている。彼はその主著の一つ、『秘蔵宝鑰《ひぞうほうやく》』（上）において、人間の心を十段階（十住心《じゅうじゅうしん》）に分けた、第一の住心を論じ、人間のもっとも低次元の心は、真実を識らず、真実を求めず、ただ飲食《おんじき》と婬《いん》（食と性）とのみを思っている羊のごとく、また畜生のごとくであるとして、これを「異生羝羊住心《いしょうていようじゅうしん》」と名付けているが、その簡潔な定義は、「我」に執われている、ということである。そして求めるものはただ眼前の事実であり、ま近かの利益である。弘法大師はこの事実に、深い詠嘆と慟哭を籠めて記している。この一文を単なる美文と理解するのでは、大師の宗教も、密教の心も判らなくなってしまう。これがまた、日本の神秘思想を形成する、不可欠の跳躍台――知・情・意すべての面に働きうる跳躍台なのであるから。

それ生は吾《わ》が好むにあらず。死はまた人の悪《にく》むなり。しかもなお生れゆき、生れゆきて六趣に輪転し、死に去り、死に去りて三途《ず》に沈淪《ちんりん》す。我を生ずる父母、生の由来を知らず。生を受くる我《わ》が身もまた死の所去《しょこ》を悟らず。

過去を顧《かえり》みれば冥冥《めいめい》としてその首《はじめ》を見ず。未来に臨めば漠漠としてその尾《おわ》りを尋ねず。

数多い弘法大師の姿を今日に伝える画像・彫像の中で、「修行大師《しゅぎょうだいし》」の名で伝えられる修行中の大師の姿（讃岐の善通寺の境内に大きな銅像があるのは有名）が殊に人々に親しまれているのは故ないことではない。弘法大師は単なる自然児でもなければ特異な天才児でもない。室戸岬において大竜の滝において、生命を的にして修行した努力の人、降伏の沙門であったのだ。

大いなる肯定

しかし、密教における否定は否定に終るべき否定ではない。否定を目的とする破折《はしゃく》ではない。否定を通っての肯定、降伏を経たのちの大肯定に至るべきはずである。このことを抜いては、大師の芳躅《ほうちょく》を訪《と》う四国の遍路の精神にみられる、あののどかな旅情も、あらゆる諸仏・諸尊を一堂に会し、それをひとしく主尊である大日如来の化身と考えるマンダラの大肯定の精神も捉えられぬことになってしまうではないか。

われわれは、神秘主義の最後の鍵ともいうべき、否定を通っての大肯定への跳躍も、同じく弘法大師の思想の中から汲みとることができると思う。

それを示す著作は一、二に止まらないが、何よりもその例としてふさわしいものは、主著の『秘密曼荼羅十住心論《ひみつまんだらじゅうじゅうしんろん》』十巻の発想と構成であろう。この書物は、弘法大師の宗教である真言宗を、仏教全般に通ずる公民権と、従前のいかなる宗派も持たぬ特異性とによって広く内外に宣言した注目すべき書物である。大師の主著であると共に、日本真言宗のバイブルであり、数少ない著作年代の明瞭な（天長七年＝八三〇年）大師の著作である。しかも、日本仏教史上、目的意識と体系の双方が充分に開花した、最初で最大の著述であった。

修行大師像（福山市・備後國分寺蔵）

この本は十巻に分かれ、各一巻ずつで、人のプリミティヴな心から順次高次な心へとの発展過程（住心）を叙述している。その最初が、畜生にも比すべき、羝羊にも類すべき、人間以前の心（異生羝羊住心）から始まって、ついに、あらゆる宗教、すべての哲学の帰着ともいうべき、第十の住心、すなわち、真言秘密の境地に到って、万物は肯定され、天地も自然も、人間も畜生も、ことごとく、大日如来の荘厳なる浄土のうちに生かされる「秘密荘厳住心《ひみつしょうごんじゅうしん》」に帰結する、とされるのである。

こう述べてくると、察せられるように、『秘密曼荼羅十住心論』（略称は『十住心論』）は、先に引いた『秘蔵宝鑰』とまったく同じ構造をもっている。前者を「広本《こうほん》」といい、後者を「略本」ということからも、この二つの本の関係は明瞭である。ではどちらが先でどちらが後かというと、前者、すなわち広本が先で略本が後であった。後者の中に「詳《つぶさ》には広本に説くが如し」として、略本に先だって広本が存在していたことを示す言葉があることから、そのことは明らかである。前者が「天長の六本宗書《ろっぽんしゅうしょ》」といわれ、他の五つの宗派の代表者と共に、時の天皇の諮問に答えて、大上段にふりかぶった厖大な公文書であったのに対し、後者は同じ趣旨をひろく一般の人々にも伝えるための要約版であったことはまず間違いない。発想も構成も同じなのは当然なのである。

さて、このように、人間の心が順次高いところへとひき上げられて行くという思想は、決して弘法大師の独占でも独壇場でもない。大師の「住心」の発想は、真言宗のよって立つ二つの大経典（「両部《りょうぶ》の大経」という）の一つである『大日経』（詳しくは『大毘盧遮那成仏神変加持経《だいびるしゃなじょうぶつじんべんかじきょう》』）にもとづいている。このお経の最初の章を「住心品《じゅうしんぼん》」といい、ここで人の心のさまざまなあり方が細かく観察されているのである。

弘法大師は、『大日経』にその発想を仰ぎながら、これに捉われることなく、人間の心の発展過程を十に分けて観察した。その分類は、分類自体を目的とするドグマ的なものでは決してなく、今日なお充分に説得力のある普遍的な人間解釈であった。

【心の十段階】十の住心とは次のようになる。

(1)　異生羝羊住心＝先述のとおり、禽獣の段階で、欲望あることを知って、その欲望の意味も、調整すらも知らぬ、人間以前、倫理・道徳以前の心の状態。

(2)　愚童《ぐどうじ》持斎《さい》住心＝愚かな少年の心も、導くものあれば、みずからをつつしみ、他に施す心は起きる。倫理にめざめた段階の心の状態。

(3)　嬰童無畏《ようどうむい》住心＝仏教以外の宗教でも、この世の限界を知るとき、それを越えて死後の安楽は願うものである。この段階の宗教心は、ちょうど幼な児が母のふところにいる間は世間の苦しみを知らず、犢《こうし》が母に随って安全なのと同じである、とされている。

以上を「世間の三心」という。宗教以前の日常生活における三段階の心の段階の意味である。

(4)　唯蘊無我《ゆいうんむが》住心＝事物の本質は存在せず、人も万物も仮の存在を保つ、という宗教的認識これが仏教の第一段階の心である。唯蘊《ゆいうん》とは、色《しき》〈もの〉・受《じゅ》〈印象作用〉・想《そう》〈表象作用〉・行《ぎょう》〈意志と行動〉・識《しき》〈意識〉の五つの作用ないし（五蘊）をいう。この五蘊だけ（唯蘊《ゆいうん》）が実在であって、人や我は存在しないとみる考え。釈尊の声を聞いて修行に努めた「声聞《しょうもん》」の心の段階とされる。

(5) 抜業因種住心《ばつごういんしゅ》＝「業因《ごういん》の種《しゅ》を抜く住心」ということで、事物の生起・連関の法則をよく知り、迷いのもと、業の原因・種子を抜く境地ということで、釈尊の遺された縁起の法を考えて覚る〈縁覚仏《えんがくぶつ》〉、それは独《ひと》り覚るものであるところから〈独覚仏《どっかくぶつ》〉といわれる仏の境地である。

右の二つの住心は「二乗《にじょう》」といわれる。声聞・縁覚という、小乗仏教の二つの心の段階だからである。

(6) 他縁大乗住心《たえんだいじょう》＝すべての衆生を救うこと（他縁）を目的とする大乗仏教の最初の段階。八つの意識〈八識《はっしき》〉・五つの本質とその仮現〈五性《ごしょう》〉・仏の三つの顕現〈三身《さんじん》〉等、小乗仏教の分析哲学の方法を借りながら大乗の救済哲学を展開するので、これをもって大乗の第一段階としたのである。ものの本質（性《しょう》）とその顕現（相《そう》）とを観る学（性相学）の学派である法相宗《ほっそうしゅう》の心の段階である。

(7) 覚心不生住心《かくしんふしょう》＝心は何ものによっても生じたのではない。すべての相対的判断を否定〈八不《はっぷ》〉し、心の原点に立ち帰って空寂の自由の境地〈中道《ちゅうどう》〉に入ることをめざす。竜樹（ナーガールジュナ）の『中論』を主とし、『十二門論』『百論』等で展開された。三論宗の心の段階である。

(8) 如実一道住心《にょじついちどう》＝万物は真実そのものであり本来清浄なものである。この境地に入るとき、従来の教えは一道に帰すはずである。法華・天台の境地である。

(9) 極無自性住心《ごくむじしょう》＝水に波浪の本性はないにもかかわらず、風雨によってそれが起こるように世界には一つとして固定的本性はなく、すべてがそのまま真実そのものであるとみる境地。「法界縁起《ほっかいえんぎ》」、すなわち、真実そのものが現実へと展開するのだと観る華厳宗の心の段階である。

以上、法相宗・三論宗・天台宗・華厳宗の四つの住心を「四家《しか》（箇）の大乗」という。

(10) 秘密荘厳住心《ひみつしょうごん》＝前述の通り、ここに至って万物は真実のあらわれとして、大きな歓《よろこ》びをもって万人の知・情・意に受けとめられる。言語・分別を超えた境地であるために「秘密」といい、単なる理念上の理解ではないがゆえに「荘厳」というわけである。真言秘密の境地であることはいうまでもない。

右の経過を一過目読するだけだと、真言もまた、心をアルファ（原点）の段階から順次オメガ（最終点）の段階へと修行と降伏の積み重ねによって昇華させていく教えであると理解されるであろう。それはたしかに一面の真実を衝いている。真言宗の行者ほど――行者という言葉の示すとおり――その修行の厳しい教えはないのであるから。

それは一歩一歩大地を踏みしめながら、順次高い所へ遷《うつ》り登って行く登山にもたとえられる生き方であるから「地々《じじ》遷登《せんとう》」の義といわれる。この呼び方は、本来『大日経』の注釈である『大日経疏』の中に出てくるいい方であるが、『十住心論』にもピッタリそのまま当て嵌《は》まる。『十住心論』を「心の発展的段階」の書と、まず、読むことは不当とはいえない。

しかし、右にあげた、十の住心をよく見ていただきたい。

そこでは一段階ずつ、前の段階が克服され降伏されて、順次移行していることは事実であるが、その移行は決して、排除と否定の方向においてなされているのではなく、包容と肯定の方角に向かってなされていることを認めなくてはなるまい。ただその肯定には否定が伴ない、包容には厳しい排除も前提となる、ということなのである。これは、およそ、世に良き修行者、高僧といわれる人々のすべてが具えている条件ではあるまいか。同じく『大日経疏』では、このような境地を「初地《しょじ》即極《そっこく》の義」と呼んでいる。最初の境地の中に、すでに最究極の種子が含まれている、ということである。これが論理の混乱や事実の混濁でないことは、自然や人間のよき観察者であったならば、ただちにうなずけるはずである。のちに美しい牡丹としての開花すべき運命は、すでに何の変哲もない黒い小さい種子の中に含まれているのだから。違いはただ、枯れ去らないための努力と因縁とを必要とするのみなのであるから。

思えば、仏教の極意はここにあると共に、真言の肝心もこの他にはないであろう。素朴な肯定は、厳しい自他の否定によって洗われ、ついに、その否定をも否定して大肯定に達する。『華厳経』で「初発心時便成正覚《しょほっしんじべんじょうしょうがく》」（宗教への心の発したそのとき、すでにさとりは得られているのだ）という教えも、かくて納得することができよう。

先にみた『般若理趣経』において、「慾」とか「瞋《いかり》」とか「貪」とかいうような世俗的心性が、その上に「大」の一字を付することによって——大慾・大瞋《たいしん》・大貪《たいとん》というように——大肯定を受けるのみならず、大乗仏教の究極目標とされた「空」までも、その否定性を払拭されて「不空」の名のもとにより大きく生かされるようになるのである。『般若理趣経』のフルネーム（具名《ぐみょう》）が『金剛大楽不空真実三昧耶経《こんごうたいらくふくうしんじつさんまやぎょう》』（変わることなき大いなる楽が、万物そのものの中に現われた真実として、そしてそれが仏の願いとして万人に受けとめられる経典）と呼ばれるのはこのためである。

『十住心論』も、否定を重ねて順次高められる発展的段階の書とみるときは、「九顕《きゅうけん》一密」の書といわれる。十住心のうち、九までは密教の境地に至らず（九つの顕教）、最後の一住心のみが大肯定の世界（一密）であるということである。

しかし、九つの前段階すべてに、究極の開花への因子は含まれており、ひるがえって見れば、九住心もまた究極の肯定の一つ一つとして許されるべきもの――それをこそ肯定というのであろう――となる。これを「九顕十密」といっている。日本の真言家は、この大らかで精緻な宗教哲学を、さらに深く立ち入って考察を完成させて行っている。「浅略釈《せんりゃくしゃく》」（表面的理解）からすれば、出発点（顕教）と到達点（密教）は違うけれども、見方を変えて「深秘釈《じんぴしゃく》」（内面的理解）より見れば、出発点（顕教）の中に、すでに到着点（密教）は含まれている、という理解がそれである。

これは何も密教家の間で突如として生れた考え方ではない。自己一身にとどまらない無限の価値にめざめた人、発心した人は、そこから修行を完成させなくても、すでに今までの彼とは違う何かをその内にもつはずである。

『華厳経』の「初発心時便成正覚」も「初心＝勇猛心＝柔軟心」も、いずれも同じところを指している。これを「発心」（仏道にめざめる）と「正覚」（さとり）との時間的直結ととるのは当たっていない。

私は、アリストテレスが万物に「潜在態」（dynamis）と「顕在態」（entelecheia）といっていたことを想い出す。花も芽も、すべて根のうちに、その変えることなき未来を内包している、ということである。

もちろん、自然の現象と、人為の現象は一つではない。いや、根から芽へ移り変る上にも雨水・日光などの条件が不可欠なように、人間のもつ可能性が、努力と運命という条件を抜きにして「顕在態」に開花することは絶対にない。

密教の包容的な世界観もその点の混同は絶対に避けねばならない。密教の世界は万象を包み入れるけれども、無条件・無媒介にとり込んでしまうことでは決してない。包容と混淆とはまったく別なものであることを、密教ほどよく知っていた宗教はないのではないかと思われる。

同行二人

このことは、密教ほど修行ということをやかましくいう宗教はないことからも容易に察することができよう。また、密教では出家・在家を含めて「行者」という呼び方で、その修行者・信者を表現することからもこの間の事情は明らかであろう。また、密教の経典の中でも、もっとも万物肯定的色彩のつよい『般若理趣経《はんにゃりしゅきょう》』（『理趣経』）においてさえ、――あるいはおいてこそ――「降伏《ごうぶく》」（悪い心に打ち勝つ）ということが強調されていることからも知ることができる。

密教が強い自己克服に立脚して、その肯定的世界観に到達したことは明らかであるが、では、この基本的傾向は、日本においてはどのような事情にあったであろうか。同一線上にあったであろうか。変容がみられたであろうか。

私は基本線は守られつつ、日本的特色がみられるようになった、というべきなのではないかと思う。

そのことを示す一つの例として、「四国遍路」の歴史を考えてみるのは適当なのではなかろうか。

いうまでもなく「四国遍路」とは「阿波・土佐・伊予・讃岐」の四国に散在する弘法大師ゆかりの霊場八十八ヵ寺を巡拝する行事である。ここに、では、どのような日本的・日本密教的特色がみられるであろうか。

第一に、この行事に参加する人々は、きわめて広範囲であり、超宗派である、ということがいえる。四国遍路は、高野山に始まって高野山に終ることが尊ばれるやり方であるが、高野山自体「天下の総菩提所」といわれたように、あらゆる宗派を超え、恩讐を超えて、すべての人々の眠る場所として昔から尊ばれてきたことは、知られているとおりである。明智光秀の墓の隣りに豊臣秀吉の墓があっても不思議でないのが高野山であり、真言宗の総本山でありながら、浄土も天台も日蓮も、諸宗並び学ばれ行ぜられたのが高野山であった。四国遍路の寺々も決して真言一宗だけではない。禅も天台も入っているのである。八十八ヵ寺を宗派別にその数を示すと次のようになる。真言宗系八十、天台宗系四、臨済宗二、曹洞宗、時宗各一である。

当然ここに詣る信者（遍路）たちも宗派にこだわることはまったくなかった。宗派だけではない。人間を区別するあらゆる目安――仏教では、昔から基本的な四対の区別として、老若・男女・貴賤・賢愚が人間の世界にあるが、仏の世界にはそれがない、すなわち「法界無差別《ほっかいむしゃべつ》」であると表現する――がここでは消失する。分限者《ぶげんしゃ》も行き倒れ寸前の貧者も、みな白衣一つに身をつつんで、四国路をご詠歌と共に歩くのが「遍路」である。

差別を身なりからはぎとり、行歩《ぎょうぶ》と共に捨てて行くのが「遍路」の第一の功徳であるといってよかろう。人と人との平等への道である。

これと共に、第二に、「遍路」は「人と自然」との融合をもたらす。森の四国路が、その点でもっとも恵まれていることは改めていうまでもない。

春霞讃岐の風光と弘法大師の人格が無関係ではなかったように、この路を歩む遍路たちは、いわば肌で大師に触れて行くのであった。遍路の風光はマンダラの風光であったといえよう。

第三に、こうして、われわれは知らず識らずの間に、「人と神（仏）」との融和に到達する。遍路の白衣や負い笠に「同行二人《どうぎょうににん》」と書いてあるのを見た人は多いであろう。一人で歩いていても連れになって歩いているものがいる、という意味である。連れとは誰か。いうまでもなく弘法大師の信仰の中心にあった仏である。自分は一人で歩いているが、本当に一人ではないのだ、どんな淋しい野原でも、どんな嶮《けわ》しい山路でも、必ず「お大師さま」がついていてくれるのだ、この信仰なくして遍路信仰は成り立たない。宗教の役割の一つは「孤独からの脱却」だといわれるが、遍路信仰は、旅路をゆく道程の中にそのことを確かめて歩くのであろう。

そして第四に、このことは、宗教実践のあるべき形をも示していた、ということができよう。なぜか。それは「歩く」というもっとも単純な動作のうちに、実践の要諦が凝縮されているからである。

岸本英夫博士によれば、宗教的行為とは、単純な行為の無限のくり返しの中に、もっとも典型的な型をとる、という。思うに「歩く」ことほど単純な動作はないであろう。「歩く」ことは「行く」ことであり、「行く」ことが「行《ぎょう》ずる」ことである。古来から宗教的実践が「行《ぎょう》」といわれたのは故ないことではなく、ことに密教の実践がつねに「行」といわれ、修行者が「行者」と呼ばれたことは深い注意を惹かないではいない。

このようないくつかの特色は、日本の密教の信仰と実践が、強い否定的媒介を経ずして、むしろ日常的な動作と経験の中で、知らず識らずの間に自己浄化を進行させ、ついに、異物をも昇華させて、高い価値の世界に生きさせることに成功した過程を示している。

もちろん、遍路信仰が日本密教の唯一の実践形態でもないし、代表と断定できるものでもない。しかし、日本仏教信仰史の上でも驚異的に長い歴史――鎌倉末から始まって現在に及ぶと専門学者はみている――を有し、広く深く愛せられた実践形態であることは確かである。その点からすれば、現実と理想との一致を求め、個を全体の中に包容することをめざし、それに成功した密教が、その方法においても否定的契機が表に立たなかったことは認めなくてはならないと思う。

日本の密教は、この点において、日本の神秘主義の特色をきわめて鮮明にもっている、といわなくてはなるまい。

大師のことば

これから弘法大師の言葉によってその思想を見てゆきたいと思う。最初は、『般若心経秘鍵』という書物に出ている言葉で、

夫れ仏法遙かにあらず、心中にして即ち近し。真如外《ほか》にあらず、身を棄てて何《いず》にか求めん。迷悟我にあれば、発心すれば、即ち到る。明暗《みょうあん》他にあらざれば、信修《しんじゅ》すれば忽《たちま》ちに証す。哀れなるかな、哀れなるかな、長眠《じょうめん》の子《し》。苦しいかな、痛ましいかな、狂酔の人。痛狂は酔わざるを笑い、酷睡は覚めたりと嘲る

という箇所である。これはよく他宗の人でも聞く言葉であろう。弘法大師が、本当に世の中が乱れており、多くの人々が少しも真実の生活に目覚めようとせず、自分の快楽だけを追っていることに対し、本当に血を吐く叫びをされたものである。そういう意味で、この『般若心経秘鍵』は、時期は恐らくかなり後のものと思われるが、最初にひいたのである。この言葉は、弘法大師が長い宗教の生活に入る前に、決して世の中の快楽だけで、自分の救いが得られるものではないと、そういう発心の気持を表わしている。この言葉は、まさに準備時代の苦しみの人、悩みの人としての大師の言葉として私は味わっているのである。この言葉は、弘法大師がわれわれと同じような場所で苦労をして、こういう言葉を吐いてるのだと感じてもらえると思う。

　そこでいっていることは、弘法大師の宗教を一口で表わす時、よく使われる「即身成仏」という境地を表わしているのである。「即身成仏」とは、この身このままが仏になるということで、それは、仏法というものが、どこかほかにあると外のどこを探し求めてもない。自分の心の内にこそ、仏教はある。それが「心中にして、即ち近し」という言葉である。「真如《しんにょ》は外にあらず」の真如というのは、われわれの知識で悟る真理と、それから自分の身の上に約束される解誤と、この二つを合せた言葉であるが、そういうものが、われわれの外にあるのであろうかと、例えにあるように、水に映った月を猿がとろうとするように、そういうものではない。自分の問題として救いということを考え、自分の外に目を向けていたのでは、いつまで経っても真実なる生活に入れないと、ここで訴えられ、「苦しいかな、痛ましいかな、哀れなるかな」と、珍らしく感情的な言葉を使って、まず、自分の問題として、真実の生活に目覚めよ、といっているのである。これは当時の奈良の仏教の僧侶達というものが、弘法大師のことばの背後にあったろうと思うのである。弘法大師は、天台宗の開祖である伝教大師最澄《でんぎょうだいしさいちょう》と比べると、奈良との闘争で苦しまれることは遥かに少なかった方であるけれども、恐らく奈良の僧侶達が、国家の保護でぬくぬくとしているのに対しては、多くの批判を持っていたと思われるのである。そういうことを考えると、この言葉から、弘法大師がまず自己の問題として、宗教というものを考えなければならないといわれたのを、私はいつも感ずるのである。

次に『三教指帰《さんごうしいき》』。この三教とは、仏教と儒教と道教とをいう。この現実世界だけでなく、それを越えたところに価値を認めようとする、いわば宗教の世界と、儒教、道教のように、この世の中に秩序を立てようとする教えと、どちらがよいかということに結論を出されたのが『三教指帰』である。その書物の中に、

僕《やつがれ》聞く、小孝は力を用い、大孝は匱《むな》しからずと、是の故に、泰伯は髪を剃て永へに夷俗《いぞく》に入り、薩埵《さった》は衣を脱いで、長く虎の食となる。父母《ぶも》地に倒るるの痛を致し、親戚天に呼ぶの嘆きあり、此に因て視れば、二親の遺体を毀《そこな》い九族の念傷を致すもの、

誰かまた、この二事に過ぎんや。当に郷《なんじ》に告ぐるが如くんば、並に不幸を犯せり。然りと雖も、泰伯は至徳の号を得、薩埵は、大覚の尊と称せらる。苟《いやしく》もその道に合《かな》はば何ぞ近局に拘わらんや

という言葉がある。

仏教では世間でいう道徳を無視するということをよく言われ、中国でも、儒教や道教の側からもその点が指摘された。その一つとして、仏教の出家がある。自分の生れた家を出て、父母を養うことをしないで、出家の僧団に入るのであるが、それは不幸に当るではないかと、儒教、道教では非常に攻撃する。そこで『父母恩重経《ぶもおんじゅうきょう》』という親孝行を勧めたお経が中国で作られた。こういうお経のことを偽経《ぎきょう》というが、やはりどうも本当の仏教ではない。もしいうなれば、中国人の仏教というか、ある意味では、日本人も好む仏教であると感ぜざるを得ない。

『父母恩重経』には、自分が生れた時から成人するまでに両親が如何に恩愛をそそいでくれたか、それ故父母の恩を重んじよと繰返して説いてあるわけで、なかなかいい処がある。しかし、このお経で説いてある孝行や不幸だけが唯一の基準かというとそうでもない。孝行という観念は、インド人と中国人ではかなり違う。一つ例を挙げよう。

『観無量寿経』というお経の中に、阿闍世《あじゃせ》王という王様が自分の父親の頻婆沙羅《びんばさら》王がいつ

までも王位を譲らないのはけしからんと、例の提婆達多《だいばだった》にそそのかされて、父王を七重の牢に押しこめて王位を奪ってしまった。そして早く餓死しないかと思っていたが、頻婆沙羅王の王妃、つまり、阿闍世王の母親が、自分の体に蜜を塗って、父を養っているのを知って大変に怒り、両親を殺そうとする。すると、その時に阿闍世王のいとこである耆婆《ぎば》という医者が、「今まで自分の父を殺して、位についた王は大勢いる。しかし母を殺した人はいない。母親を殺すのだけは思いとどまれ」といっていさめる。そのように父を殺した悪業というのは、仏典あるいは仏典以外の話にもよく出て来て、それに対する罪の意識は中国人やわれわれ日本人とは、非常に違うのである。

先の言葉にかえって、ここでは、弘法大師は一つ例を挙げている。泰伯とは、中国の故事で、自分の弟に王位を譲ろうと頭を剃り、「夷俗に入り」とは、野蛮人と同じに入れ墨をして、自分は王位を継ぐ意志はないことを示して、自分の欲望を捨てた人である。それから「薩埵は衣を脱いで長く虎の食となる」とは、法隆寺の玉虫厨子に書いてある菩薩、即ち修行中のお釈迦さまが、衣を脱いで自分の身を投げて、餓えた虎の親子を養ったというジャータカ（本生経）に出ている話である。

同じような話は、沢山あって、昔修行時代の釈尊である童子が、ヒマラヤの山中で修行をしていた時に、「いろはにほへとちりぬるをわかよたれそつねならむ」という偈《げ》を聞いた。これは『涅槃経《ねはんぎょう》』に出ている諸行無常という偈《げ》である。そこで童子は、これこそ真理だ。しかしあと半分の偈を是非知りたいと思ってあたりをみると、そこにいたのは、おそろしい姿をした羅刹《らせつ》、鬼である。この鬼があの真理を説いたのかと不思議に思ってたずねると、「そうだ」という。「それでは後半分を教えてくれ」と頼むと、鬼は「私は、空腹でいえない。しかし、お前の体をくれるならば聞かしてやる」といった。そこで「承知した。では教えてくれ」と頼むと、「うゐのおくやまけふこえてあさきゆめみしゑひもせす」と、残り半分をいった。真理を知った童子は悔いはなしと身を投げると、その瞬間に鬼は、美しい帝釈天、インドラの姿に変って、太子を捧げたという話が、昔の教科書の中にも出ていた。それと同じことを大師は説いたわけである。

そしてそういうことがあれば、両親は、もちろんどうしてよいかどうか分らない程に悩むだろう。また、親戚も皆天に向って嘆くだろう。表面だけから見れば、父母から受けついだ身体を損い、自分の全親族に対しても、ここに挙げた二人は、不孝ということになるかも知れない。しかし泰伯は本当に聖人だといわれているではないか、また、菩薩はついには大覚の菩薩、仏陀となられたではないか。それは何故かと言えば、本当に自分の狙っている人生の最大目標さえしっかりと押えていたならば、表面に現れた区々たる嘆きだけで、孝、不孝、或いは、徳、不徳ということを論ずべきではないということをここでいっているわけである。

日蓮上人の言葉を例にひこう。日蓮上人が、天台大師が出家する時に、父や母が膝にとりすがって、お前はこの家を出ることを絶対にやめてくれ、年老いた私達を置いていくのは不孝ではないかととめたけれども、それは父や母がいっているのではない。悪魔が父や母に姿を変えて、大師の出家の求道心というものを押えようとしていたのだ、といった言葉を思い出す。誠にその通りであって、弘法大師も『三教指帰』でこのように、親孝行、親不孝など、世間でいう道徳、不道徳という一端の価値評価だけで、本当の宗教と、本当の人生目的というものを云々すべきではないといっている。

それは確かに出家すれば、年老いた父母は一時は嘆くであろう。しかし、それはお釈迦さまが、お城を捨て出家したために、最後にはご自分のお子さんも奥さんもみんなを全部救うことができたということは、広く知られている通りであり、また、お釈迦さまが、もし出家なさらず、仮にあのカピラ城の中にとどまっておられたならば、今日われわれは、三千年を経てまで、その釈尊の残された人生の安らぎというものにふれることはできないのである。

そのようにみれば、仮に血を流す痛みがあっても、そこをつき抜けて真実の方向を摑むことができる。私の非常に懇意にしている外科のお医者さんも診察室の入口に「鬼手《きしゅ》仏《ぶっ》心《しん》」、鬼の手をして、仏の心と書いておられる。一時は病いの根を断つために血を流すことがあっても、それを経て始めてその人の病いがなおるというのと同じである。弘法大師も、ここで世俗の悩みをその場で救うことだけでは、本当の幸福は得られないということとをいったわけである。

次の言葉を紹介したいと思う。それは、

「六大無碍、常瑜伽、四種曼荼各不離、三密加持速疾顕、重々帝網、名即身」（『即身成仏義』）

（六大《ろくだい》は無碍《むげ》にして、常に瑜伽《ゆが》なり。四種の曼荼《まんだ》、各々離れず、三密《さんみつ》は加持して、速疾《そくしつ》に顕《あらわ》る。重々の帝網《たいもう》、即身と名づく）

弘法大師の教えを一口で表わすと何かと、昔からこの問が繰返されるのであるが、それがここでいう「六大」と「四曼」、それから「三密」とがそれであろう。この六大、四曼、三密というのが、弘法大師の哲学だと、昭和の初期に高神覚昇教授が非常にわかりやすく解明された。それをただの西洋の哲学とか、形而上学というようなことになると、一寸違うので、そのことを一言述べたいと思う。

「六大」とは何かというと、これは「地、水、火、風、空」という五つと、もう一つ人間の持っている「識《しき》」という、人間の生命と智慧の働き、この六つがわれわれ人間及び外界を構成していると考えて、その六大が宇宙や人間を構成しており、この六大が宇宙の実体であるというようにいうのである。

次に「四曼」と言うのは、「大《だい》・三《さん》・法《ほう》・羯《かつ》」という。これはわれわれが生きている宇宙を、今度は姿の上から眺めた時に、この四つの働きがある。真言宗では、「曼荼羅《まんだら》」というものを使うのであるが、曼荼羅というのはこの宇宙を絵で表したものである。それはどういうことかというと、曼荼羅という言葉から出来ている。「曼荼《まんだ》」という言葉は、本質ということで英語のエッセンスということである。また、「羅」というのは、何々を持っているものということで、者とか物にあたるから、本質者、或いは本質物ということなのである。そして、この本質を表わす表わし方に四種類あるというのである。

まず「大曼荼羅」というのがあるが、これは、宇宙を構成しているありかたを絵に描いたもので、真言宗のお寺に行くと金胎《こんたい》の両部の曼荼羅（金剛界、胎臓界）といって、立派な仏様の絵が掛っているのを見ることがあると思う。そのように仏様のお姿で、この宇宙を表わしたものが、この大曼荼羅である。それから次に「三昧耶《さまや》曼荼羅」というのがあるが、この三昧耶という言葉には四つの意味があるというけれども、普通は仏様の願いを意味する。であるから、宇宙の向っていく方向というか、仏様の働きを表わすのが三昧耶曼荼羅であり、いろいろな仏様をお姿で表わさないで、その仏様の働きを表わすもの、例えば不動明王だったら剣で表わすとか、またある仏様は独鈷とか、それぞれの意味を持つ仏具や手に結ぶ印契《いんげい》、所持の器杖などで表わした曼荼羅である。

三つ目の「法曼荼羅」というのは、種字《しゅじ》曼荼羅といって、仏様を梵字で表現した曼荼羅である。例えば、大日如来であると、金剛界の場合は「鑁《バン》」字で、また、胎蔵界の場合であると「阿《ア》」字という字で表わす。このように、どの仏様、どの真理も一つの字で表わすことができると考えるのである。私は、普通の日本語を普通の意味によって、普通の思想伝達をしているけれども、もう一つ中に入ると、それは本当の言葉の働きではなくて、言葉は背後に広い世界があって、その言葉の持っている広い世界こそ真の言葉であるとして、これを「真言《しんごん》」と名付ける。弘法大師のいう真言宗とは、そういう意味なのである。

真言というのは、ただわれわれの外の言葉だけでいうのではない。ギリシャ哲学で言えば、言葉には二通りあり、一つはロゴス（logos）といい、このロゴスというのは、ギリシャ語ならギリシャ語、ラテン語ならラテン語、日本語なら日本語というふうに、実際の差別を持っている。

言葉でいえば、戯論《けろん》というが、私がここで述べているのも、いわば戯論である。つまり戯論の世界にしか生きられないのであるが、しかし、その戯論を耳にすることによって、戯論の背後にある広い、われわれ人間の持っている理性の世界及び感性の世界というものに入ることができる。それをギリシャ人達は、パトス（pathos）といっている（宮坂宥勝博士）。仏教でそれに非常によく似た言葉は法界平等ということになるのであろう。真言宗の世界は、実はその法界平等の世界なのであり、その法界平等の境地を表わすのには、普通の言葉ではだめである。これは、仏の直接の言葉で表わそうとするのが真言ということになるのである。それが法界曼荼羅ということになる。

それから最後に「羯磨《かつま》曼荼羅」ということをいうのであるが、羯磨《かつま》というのはカルマという言葉で、働き、アクションということである。これは何かと言うと、これは何も表現する必要がない。宇宙そのものをパッとみる。たとえば大学のホールの中であったら、大学のホールにそのまま仏の精神が宿っているというわけである。であるからこれは何も表わさないでよい。その境地にはいると、われわれは曼荼羅の中に生きるということになる。

それ故真言宗というのは、この言葉の差別の底にある広い世界というものに目を向けて、その広い世界をどうやって表現したらいいかとさまざまに悩む、一つには言葉が表わす、その言葉は誰にでも通じる仏の言葉である。例えば、「ア」と言っても、イギリス人の聞く「ア」と日本人の聞く「ア」という区別は必要ないと考える言葉が、本来の言葉になってくる。それを真言という。こういうものは、普通のぼんやりした日常生活ではどうにもならない。そういう日常生活のことを「顕《けん》」といって、日常生活の経験に即した教えを「顕教」という。その日常生活経験からもう一つ中に入ったものを「密教」という。真言宗のことを密教というのは、そういう意味なのである。

最後の「三密」というのは、その秘密の境地、法界平等の万人に共通する境地を表わす方法の三つのことである。それは何かというと、「身《しん》と口《く》と意《い》」で、身体と口と心、このわれわれの行動三つを、普通の仏教では「三業《さんごう》」というが、それを密教では三密という。われわれの働き全部がそのまま仏の働きに通じなくてならない。そういうことから三密といわれて、われわれの方では、体も口も心も総てがそのまま仏の境地に通ずる。であるから「ア」という言葉を、真言の教えを信ずる者ならば、かりそめにも口にしてはいけない。「ア」ということをいう時には、これで私達は、胎蔵界の大日如来に通ずるのだという、深い心構えがなくてはならないということである。

真言宗では即身成仏ということから、弘法大師の言葉にも「発心すれば即ち至る」といっている。われわれが仏様に発心さえすればそのまま仏になれると、真言宗を安直に感じている人も昔からないではなかった。真言宗でも発心即到、三密双修《そうじゅ》とかいろいろな議論があったけれども、真言宗は決してそんな安易な教えではない。やはり骨を削り、肉を切る苦しみを経た上で、初めて新しい生命を得るという点では真言宗の教えも他の宗の教えと全く同じだということである。弘法大師もわれわれと同じように悩まれた末に、自分の真実の教えを摑まれた方だということを改めて汲みとってもらわなければならないと思うのである。

入寂

右のような著作に、布教に、立宗にと、帰朝以来、寧日とて一日もなかった空海であろうが、やがて、身体の不調をおぼえるようになった。多くの偉人がそうであるように、空海も死に対する心構えは死期に近づいてからなされたものではなかった。というよりも、その日々が生と死の向い合いであり、生への死の呼びかけであり、生から死への語りかけであった。この身このままに仏となる真言密教にあって、このことは特に切なるものがあった。多くの「遺告《ゆいごう》」は、ただその仕上げに過ぎなかったとも言えよう。

空海の死は、普通の仏者の死のように、入滅といわれず、入定《にゅうじょう》といわれる。入定とは、禅定《ぜんじょう》の境地に入ることである。禅定の境地とは、寂静《じゃくじょう》なる涅槃《ねはん》の境地である。涅槃が釈尊にあっても決してその死を意味するものではなく、その悟りを意味するものであったように、空海の入涅槃もすでにその生前、悟道の時にあったことは間違いない。六十二歳の死は、ただその完成にすぎなかったのであった。

生前の悟りの完成は、死という別次元の世界への移行では勿論ない。むしろ、その悟りのそのままなる保存であり維持であると考えるべきであろう。多くの信者によって、空海が今に至るまで入定していると考えられているのは、このためである。入定とは、入寂よりもさらにいっそう日常的姿勢の顕著に出ている言葉である。「定」とは、長い歴史を持つ仏教の言葉で、心の散乱しない状態、集中してしかも安定している状態をいう。禅とか、ヨーガとか、三昧とかいわれる身心の理想的状態がこれに当たるが、仏教の「定」が外道《げどう》（仏教以外のインド哲学諸派）のそれと大きく異なるのはいうまでもない。その相違は、定の内容と方法の双方に及ぶものであるが、内容的には、仏教の世界観が反映し、方法的には仏教の修道論《しゅどうろん》が基礎となっているのが特色である。

空海の定は、当然密教の定である。内容的には、万物肯定のマンダラ的世界観を持ちつつ、方法的には、三密修行の瑜伽行《ゆがぎょう》に基づいていたはずである。偉人の死を忖度することは不遜であるが、死に当っての空海は、心中全ての人を宥しつつ全てのものを祝福し、自らマンダラの中にもどっていったのではあるまいか。

今日、高野山の奥の院に、空海は千二百年に渡って、入定し続けていると信者によって信ぜられている。そこにはもちろん、比叡山の根本中堂にまたたく不滅の法燈と同じく、宗教の根本をなす永遠性へのあこがれが秘められていることは、明らかであるが、ただそれだけでなく、日本の中心が高野であり、高野の中心が奥の院であるという空間の無限性への信仰も疑うことなく働いていた。

空海はマンダラに生き、マンダラに死んだということができるだろう。

四章　日本密教の哲学

光明世界と自己の一致

人間は現実の内にひそむ諸要素を分析することによって成長していく。仏教にあっても、最初はまず現実世界の中で、その生活を出発させる。仏教の言葉でいう「世間」である。感性と理性が発達するにつれて、自己と自己を取り巻く環境に対して、分析と疑惑が相互に湧き起ってくる。その極に達したとき、世の否定という、従前の安定の崩壊が起る。これを「出世間」という。厳密にいえば、これは「出世間」の始まりであって、その懐疑と苦悶の全過程が「出世間」なのである。これが宗教的生活の主たる部分であることは、改めていうまでもない。

かくて、懐疑と苦悶が克服せられると、厭うべきこの世は、肯定的になり、光明に満ちた世界となる。われわれは、もはやこの世を厭い、この世を離れるべき何の理由も持たないことになる。仏は、この世にこそ在《いま》し、この世を捨てて求めるべき仏はない。これが「出々世間」である。

仏教の人間観・世界観の基調ともいうべきこの三段階は、釈尊の人生の内に典形的に表われている。釈尊は、三つの名によって、その生涯を三分する。世に在る時は太子、世を出た時は菩薩、悟りを得て世にもどった時は如来であった。

密教の人間観、世界観も、この線の外に立つものではない。この身このままで仏になるという「即身成仏《そくしんじょうぶつ》」、現実世界ものそのものが真実であるという「即事而真《そくじにしん》」など、密教の中心をなすものの見方もいずれもこの第三の帰結なのであって、決して単純な現象肯定でないことは、改めて注意しておかねばならない。

単純な肯定のみで済む宗教があるはずもなく、逆に最後まで否定のみで終始する宗教もあるはずはない。とすれば、密教もまさに宗教そのものであるといわなくてはならない。われわれはむしろ宗教としての密教が、いかなる点で特色を有するかを見るべきであろう。

その特色を三つの分野から明確に自覚し、その自覚を第三者に伝達可能な形式で体系化したのが空海である。空海が、日本の仏教史上始めての自覚的体系の持主であるといわれる所以《ゆえん》も、インド以来の密教の完成者といわれる所以もここにあるのである。

三つの分野とは何か。

今日の言葉でいえば、形而上学と認識論と実践哲学がそれである。密教にあって――というより仏教一般にあってというべきであろうが――この三つはそれぞれ不可分に関連し合っているけれども、今日的視点からも空海自身の著述からも、この三つは、分けて説かれているので、いましばらくこの分け方に従っておく。すでに見た空海の哲学であるが、改めてこの視点から見直してみよう。

まず空海の密教の「形而上学」は、どのようなものであろうか。

彼は、宇宙を構成する基本的な力と、人間を形成する基調との、根本的同一性を強く自覚する。宇宙を構成する基本的な力は六つとみる。堅固たるもの、「地」と、下降するもの、「水」と、上昇するもの、「火」と、流動するもの、「風」と、これらを包含する無限定なる空間、「空」と、これらを認識し、これらの間に働く理性的なるもの、「識」とがそれである。これらはいずれも、もっとも根源的なものであるために「大」(mahat) であるため、「六つの大なるもの」、「六大」と呼ばれている。

「六大」によって宇宙は形成せられている。この事実に神話的説明は無用である。なぜなら、密教の者にとっては、宇宙こそ根源であり、宇宙こそ仏――大日如来――なのであるから。「六大」こそ「法」であり、この「法」こそ「仏の本体」すなわち、「法身」なのであるから。空海が、「六大法身」という形で、その形而上学の「当為」(Sollen) を打ち出したのは、このためであった。

しかし、これは同時に、われわれ人間の基本をなす力でもある。われわれ人間も、地・水・火・風・空・識以外の力をもつものではない。「六大」によって「成しとげられている」。「六大所成《ろくだいしょじょう》」である。

「六大法身」が「当為 (Sollen)」よりする世界とすれば、「六大所成」は「存在 (Sein)」よりみた世界に外ならない。この二つの明確な設定によって、空海は、仏と衆との同一性

（衆聖不二《しゅしょうふに》）（生仏不二《しょうぶつふに》）を、少くも形而上学的には疑問のないものにした、ということができる。しかし、問題はむしろこの命題をいかに認識し、いかにしてその境地に達するか、という点にこそあったのであろう。

マンダラの世界

われわれを取り巻く外界が、われわれ自身と内容を一つにし、それが共に絶対世界に通じるとしても、果してそれが、直ちに実感として、感得しうるであろうか。われわれの日常生活は、あまりにも矛盾に充ち、満足とはほど遠い。しかもなお、密教の世界観は実在と現象との一致を説く。この理念と実感との乖離は、何としてもうめられるものでなくてはならない。もしそれがうめられない場合には、実在即現象、即身成仏は単なる理念上の操作（理証《りしょう》）に終ってしまうではないか。

このギャップを埋めるために、空海のたてた手続きは、きわめて慎重なものがあった。実在世界と現象世界が、その本質上、形而上学上同一なることを明らかにした（六大説）上で、空海はその同一性を認識する認識論上の四つの手続きを、展開する。これが「四曼《しまん》説《せつ》」である。

「四曼説」とは何か。四つの曼荼羅《まんだら》の考えということである。「曼荼」はサンスクリット語の「マンダ（maṇḍa）」の音写で「本質的なもの」を意味し、中国人は伝統的に「上味」とか「醍醐」とか翻訳してきたことばである。「羅（ラ＝la）」は「……をもつもの」を意味する接尾語だから、「マンダラ」は「本質を有するもの」「本質的なもの」ということになる。仏教において「本質的なもの」とは「仏」以外にありえないから、「マンダラ」とは「仏と本質を同じくするもの」、「本質上仏と同じもの」ということになる。仏の世界を描いたもの、それがマンダラである。これに四つの段階が考えられていることはすでに見た（一〇四〜一〇五頁）。

その考え方のもとは、『大日経』『金剛頂経』に見られるが、先の「六大説」や、のちにみる「三密説」と関連して、密教の中心課題として完成したのは空海であった。「四曼説」がそれである。重複する所もあるが、もう少し詳しく見ておこう。

〈大マンダラ〉

まず、第一の段階として「大マンダラ」ということが考えられる。「大マンダラ」とは、もっとも完全な形で考えられた仏の世界ということである。

われわれの視覚と理性にうったえるもっとも完全な形とは、図絵《ずえ》に外ならない。仏教においての図絵とは、仏の画像である。「大マンダラ」においては、仏教のさまざまな理想を実現する諸仏諸菩薩が、儀軌の通りに描き出される。建築の設計で言えば、立体図のごときものである。

〈三マンダラ〉

「大マンダラ」に次いで、われわれの認識に上るマンダラは、「三昧耶《さまや》マンダラ」である。「三昧耶」はサンスクリット語「サマヤ」の音写で、平等・本誓《ほんぜい》・除障・驚覚《きょうがく》の四義があるとされるが、この場合は、仏の本誓を現わす図絵を意味している。具体的には、ひとつひとつの仏がその誓いと機能を何らかの仏具・法具によって象徴される世界観といってよい。先述のように、愛がハートによって、平和が鳩によって象徴されるように。例えば、不動の誓いは剣によって、弥陀の慈悲は蓮華によって、象徴されるごときがそれである。具象の世界から、象徴の世界へ、一歩入って来た世界像をここに見ることが出来よう。

〈法マンダラ〉

人間の人間たる特色は、いろいろなところに見られ、これが人間の特色だと断定することはなかなか難しいが、自分の思うこと、感ずることを、「ことば」をもってあらわすことができるのは、最大の特色の一つといえるのではなかろうか。

密教は、すでにしばしば出て来たように、「ことば」のもつ力と非力とにもっとも深刻な反省を加えて来た。密教が日本に来て「真言宗」すなわち「真実の言葉を見つめる宗教」として発達したのはこのためであった。いま、ここで見る「マンダラ」が「真実を表現する図絵」であれば、そこに「言葉」が関与しないはずはない。これが「ことばのマンダラ」、すなわち「法マンダラ」である。

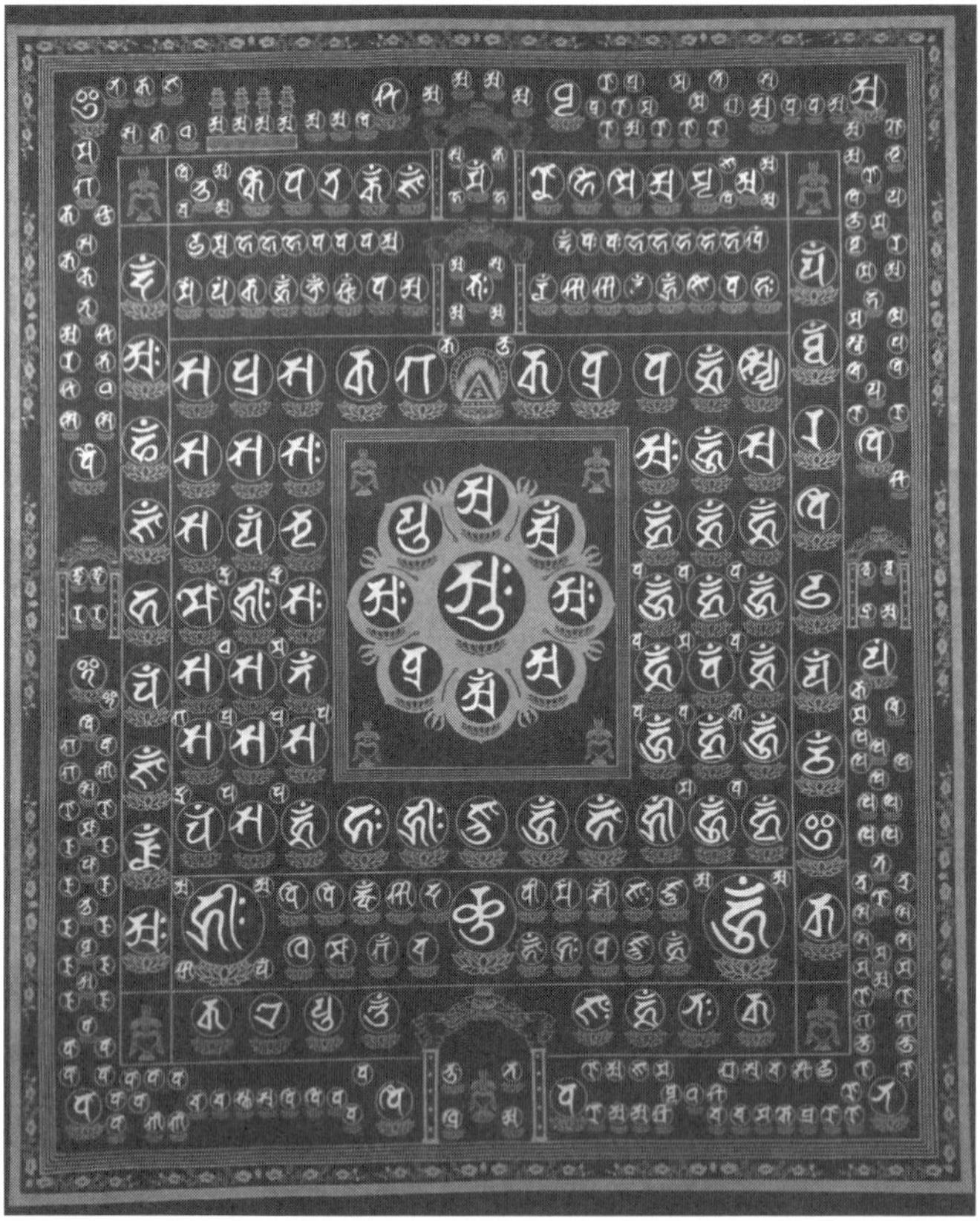

胎蔵種字曼荼羅（福山市・備後國分寺蔵）

なぜに「ことばのマンダラ」を「法マンダラ」というか。それは一々の仏が、すべて文字によって、その真実を表わされるからである。真実が「法」といわれることは仏教の長い伝統であるが、密教もまた、ここにおいて真実の具現者である仏を法と同一視し、そ

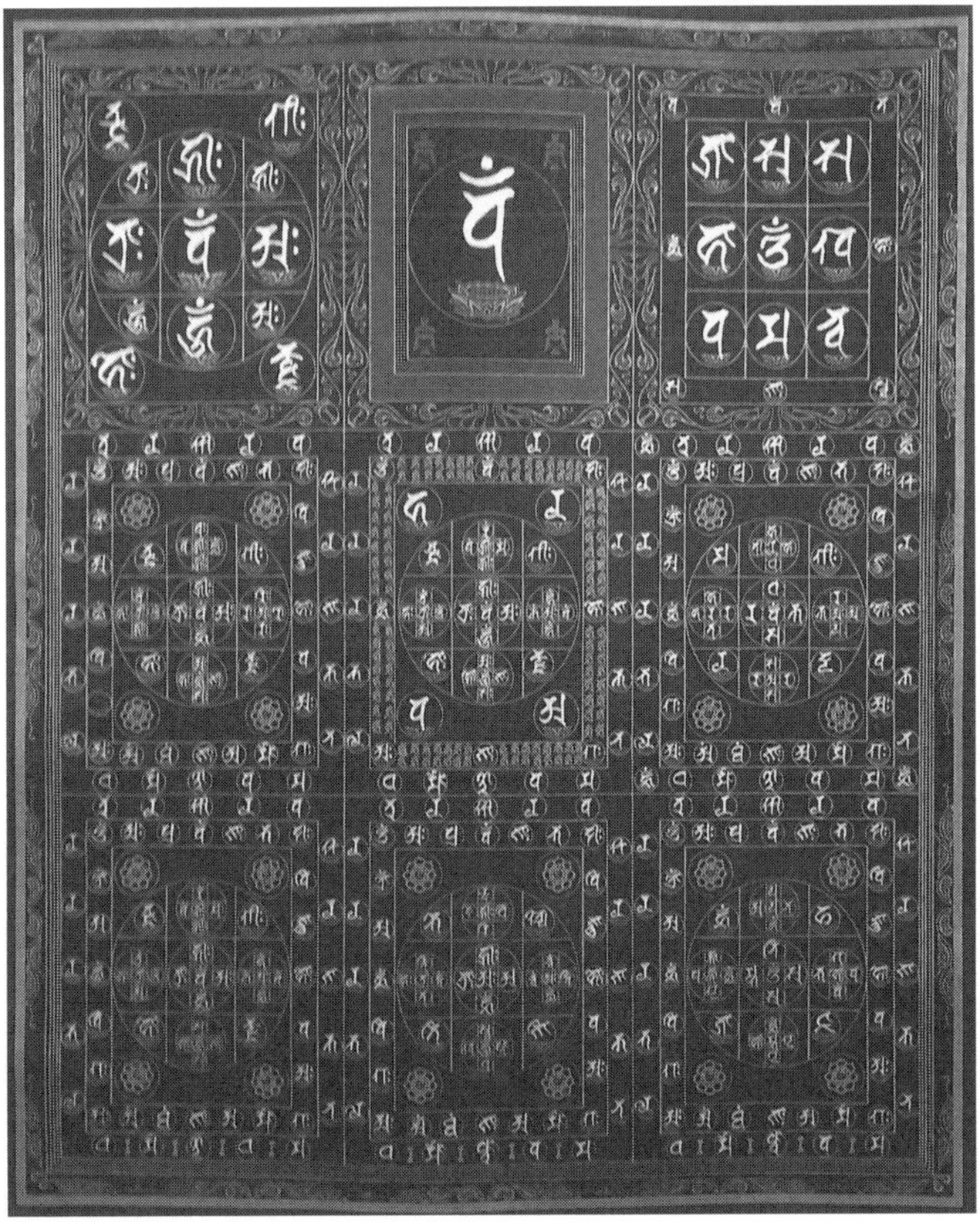

金剛界種字曼荼羅（福山市・備後國分寺蔵）

の法を表わす根元的なもの——文字で表現したのであった。「法」をあらわす根元であるから、これを「種《しゅ》子《じ》」ともいったのであった。

今日でも真言宗の寺院や熱心な信者たちは、すべての仏を文字（種字）であらわした「マンダラ」、すなわち「法マンダラ」

「種字マンダラ」をことのほか崇信する。一生種字マンダラを描きつづけた現代の高僧もあるほどである。

仏を梵字であらわす形式は、その視覚に訴える神秘性・審美性の上に、音感からくる異国性も加わり、ずい分中国・日本の密教の人々に愛好され信仰された。

梵字を美しく描いたマンダラ、法マンダラが、四つのマンダラ（四曼《しまん》）の中でもっとも好まれたのにはいろいろの理由が考えられる。

第一には今まで見た梵字のもつ神秘性であろう。日本の仏教徒でインドを直接足で踏み、目で見た人はまず（明治以前には）いなかったと考えるべきであろうから、梵字の神秘性は今日のわれわれからは想像できぬほどのものがあった。

日本の古代・中世の中国の人でインドへ渡った人としては、僧三昧・金剛三昧などの名が出てくる。それぞれ、唐の『酉陽雑俎《ゆうようざっそ》』（巻三）、『続酉陽雑俎《ぞくゆうようざっそ》』（巻二）に出てくる名前である。これは元和十三年（八一八）のことで、有名な真如法親王が西遊した咸通七年（八六六）より五十二年前のことであるが、誰のことかよく判らない。高楠順次郎博士は、これを平安朝の悉曇《しったん》学者安然《あんねん》（八四一?〜九一五?）の父、播州一乗寺の僧法道の仮名《けみょう》かと想像しているが、疑う人も多い（田中重久「真如法親王のシンガポール御渡航」『日本に遺る印度系文物の研究』昭和十八年、東光堂、四八八頁）。

真如親王もまた雄図空しく羅越国《らえつ》（『三代実録』元慶五年冬十月の条）で薨《こう》ぜられたこと

が「風聞」されたというのであるから、インドまでは到ることはできなかったのであった。羅越国というのは、仏逝《ぶっせい》国、すなわちシュリーヴィジャヤ（Śrīvijaya 今のスマトラ島）の北の、対岸だというのだから、今日のマレー半島の南端シンガポール島のことであろう（田中前掲書、四八九頁）。今次の大戦でも日本軍がインドとビルマの国境（印緬《いんめん》国境）のインパールまで到達しながら、とうとうインドへ入ることはできなかったことも、事情は全然異なりながら、やはり日本にとってインドは、他のアジア諸国とちがって、はるかかなたの国であることを思わせるではないか。

インドへ到達することが九十九パーセント不可能であっただけに、インドへの思慕は日本人にとってはほとんど見果てぬ夢ともいうべきものだった。栂尾《とがのお》の明恵《みょうえ》上人の手記『印度行程記』ともいうべき文書が高山寺に残っており、それを見ると、一日に八里（約三十二キロ）を歩けば、正月一日に長安を出発して第三年目の十月十日には王舎城に到達しえよう。一日七里では第四年目の二月二十日に、一日五里でも第五年目の六月十日の午《うま》の刻には到達できるはずだ、などとしるしている（田中重久「明恵上人の印度思慕」前掲書所収、四九二〜三頁）。こんなにも仏の国を思慕しながら結局インドへ赴くことのできなかった明恵上人は、高山寺の裏山を楞伽山《りょうがせん》遺跡窟と呼び仏足石《ぶっそくせき》を刻んで礼拝し、

満月のおもてを見ざるかなしさに

いはほの上に足をこそ摺《す》れ

などと詠じたのであった。

　こんなにも恋いこがれたインドではあったが、明恵上人も肝腎のインドの文字は読むことができなかったようである。というのは、明恵上人の友人慶政《けいせい》上人が、インドの文字だといって彼に与えた詩篇を、両上人とも梵語（サンスクリット語）と思いこんでいたらしいが、羽田亨博士の研究（『日本に伝はる彼斯文《ペルシャ》について』）によれば、これは実はペルシャ文で、人に別れる時の詩であったというから、明恵上人は「語学はさして出来なかったらしい」（田中重久氏、四九五頁）。日本人の梵語学、すなわち梵学は、伝承によれば、東大寺の大仏開眼に当り、天平八年（七三六）来日した天竺僧菩《ぼ》提僊那《だいせんな》（ボーディセーナ・婆羅《ばら》門《もん》僧正）の弟子として随行してきた林邑《りんゆう》国（チャンパ国、今日のヴェトナム）の仏僧仏哲（仏徹）によってもたらされたという（安然『悉曇蔵』第三）。それ以来、江戸時代半ばに慈《じ》雲尊者飲光《うんそんじゃおんこう》（一七一八〜一八〇五）によって大成されるまで、約千年の研究史をもち、欧米のサンスクリット研究史とは比較にならない長い歴史をもつものであった。ただ、近世に至って、従来の悉曇学から梵学へ脱皮大成するまでは、書法や韻律の研究を主とする散発的なものであった（石村喜英『日本における（梵字悉曇学の）受容と研究』、中村瑞隆・石村喜英・三友健容共著『梵字事典』、昭和五十二年、雄山閣、一一五頁）。明恵上人が梵字とペルシャ字を区別できなかったとしても一概に笑えないのである。

一部の学僧、真言僧を除いて梵字は文字通り梵（最高なるもの、インド的なるもの）なる文字であった。美しく書かれた、あるいは描かれた梵学を見て、人々が神秘を感じたのは当然の反応であった。

そしてそれが第二に梵字の審美性に対する限りない憧憬となったのであった。中国の文字を毛筆をもって書くことをした古代・中世の日本人が、まったく書法も材質（インドでは貝葉《ばいよう》といわれる樹皮に鉄筆をもって文字を刻み、そこへ墨を流し拭き取ることがよく行なわれたし、筆も木竹がよく用いられた）も異なる難点をもちながら、しかもよく梵字のもつ美しさ、味を今日に伝えたことは驚嘆に価する。

こういうものの保存は、東アジアの仏教の広まった文化圏の中では圧倒的に日本がよかったといえそうである。お隣りの韓国は、仏教の、ほかの遺物の保存は決して悪くない。仏教の基幹となる経典の保存では、中国も日本もかなわない。中国では宋版・元版・明版というように有名な開版《かいはん》が、ほとんどの時期に行われた。日本はそれを承《う》けて、あちこちに保存しただけでなく、それらを模刻していくつかの日本版大蔵経もつくり出している。たとえば、延宝七年（一六七九）、黄檗山《おうばくさん》万福寺の鉄眼《てつげん》が開版した、有名な『黄檗版大蔵経』は、「明版」六千七百七十一巻の復刻であり、現に宇治の宝蔵院に蔵され、日本の大蔵経の代表格となっている。維新直後岩倉具視らが新政府特使として英国を訪れた際、献呈し、のち、わが留学生南条文雄《なんじょうぶんゆう》が解題出版した『大明三歳聖教目録《だいみんさんぞうしょうぎょうもくろく》』、世にいわゆるNanjio Catalogueはこれであった。これにより、黄檗版が明版の復刻だったことを知ることができる。

また、わが国初の木版活字版として名高い「天海版大蔵経」、すなわち「寛永寺版大蔵経」は、寛永寺の開山天海僧正（一五三六〜一六四三）が、寛永十四年（一六三七）、山内に経局を設け、慶安元年（一六四八）、その功を竣《おわ》ったものであるが、これは、麗版《らいはん》を底本としている（同寺、中山清田氏の教示による）。総じて六千三百二十三巻である。

これらの日本開版に較べ、韓国には、改めていうまでもなく、慶尚北道陜川郡伽耶《かや》山海印寺に有名な版木を完備し、「高麗版大蔵経」、すなわち「麗版」として天下にその善美を誇っている。

これは、いま見たように、「天海版大蔵経」がその底本としただけでなく、こんにち、およそ、仏教を研究するものであったならば、世界どこにあっても共通のテキストとする『大正新脩大蔵経』のテキスト底本となっている。いかに、韓民族が文化の保存において卓越しているかを示す、何よりの証差ということができよう。

しかもなお、この民族は、仏像・仏画の保存、インド↓西域↓中国↓朝鮮を一貫する仏教の造型文化の継承と発展には、並々ならぬ能力を示していることは、自他共に認める力をもっている。

ところが、このような韓民族にあってなお、梵字の保存・解読の能力ということになると、ほとんどまったくゼロである。筆者は、昭和五十一年十月を含め、両三度韓国仏寺を訪れ、仏僧・仏教学者に会っているが、仏寺――例えば、慶尚北道慶州市の吐含山仏国寺――の本堂に記される大小の梵字（らしきもの）など、どのように衆知をしぼっても解読不能である。

度重なる戦争が梵学の伝承を不能にした、というのであるが、事情は日本とて変ることはない。

中国もこの点はさらに事情は悪い。香港・シンガポールの華僑寺院はもとより、本土の仏寺・仏教学者の梵学能力は、伝統的にも、近代的にもゼロに近い。これだけで、日中文化比較論にまでもってゆくつもりはないけれども、この点でだめなことはたしかである。

さて、見て美しい「法マンダラ」「種字マンダラ」「梵字マンダラ」が、審美性の底に、長い日本人の真実追求、仏教の根本志求があったことを見てきたが、これは、もう一歩深まりを見せるようになる。

それは何か。

〈羯磨《かつま》マンダラ〉

この境地を日本の密教家は「羯磨マンダラ」と名づけている。

「羯磨」とは、梵語のカルマ（karman）の音写であり、「業《ごう》」と訳す。自然の運び、人間の動きを指す。したがって「羯磨マンダラ」は、すべての自然の動き、人間の営みがそのまま、仏の動きを示すとみる考えである。この考えに立つとき、ソヨと吹く風も、ハラハラ散る花も、すべてそのまま仏国土の風情ということになる。禅家で柳は緑《みどり》、花は紅《くれない》といい、『十住心論』にいう「秘密荘厳《ひみつしょうごん》」の世界がそれである。

ここまでくると、密教の極意《ごくい》は、もはや何らの象徴も手段も必要としないこととなる。描かれたものがマンダラであったのが、何を描かなくてもマンダラとなる。行住坐臥・造《ぞう》次《じ》顛沛《てんぱい》、すべて仏の宿らぬかたはなし、である。

密教において、初心の行者に威儀作法を求めること、他宗に類を絶してきびしいにもかかわらず、ひとたび極意を極めると、まったく型を問わず、天衣無縫・変幻自在なのはこのためである。

しかし、何事も長所は短所の反面である。真言の大寺で大法要のさい、已《い》達《だつ》（ヴェテラン）の長老が所作極めて厳粛であるにもかかわらず、初心の色衆が略儀に走るのはまま見ることで誠に見苦しい。すべての外界の動きは仏の動きであり、われわれ人間の動作がそのまま仏の動作に通じるのだとしたら、どうしてあのような緩怠至極な態度なのであろうか。

しかし、ここに至って、日本の密教は真の極意に到達した。

まず、いずこにも、何にも、誰にも仏は宿っているという世界観に到達することにより、密教を信じ行ずる人々は、つねに全身に仏の暖いまなざしを感ずることができるようになる。春の四国路を白衣で歩くお遍路さんたちが、春の日ざしの中に「同行二人《どうぎょうににん》」（いつでもお大師さま＝弘法大師と一緒）の法悦を感ずるのはこのためである。

そして同時に、自分はいつでも仏さまに見られているのだから、仏さまに恥じない正しい行住坐臥に徹しなければならない、という心境に達するのもこのためである。

こうして得られた世界観は、仏教学のスコラティシズムを離れるとき、そのまま、禅にも通じ、浄土真宗とも会通するものをもっている。先述のように、禅家で「柳は緑《みどり》、花は紅《くれない》」という。浄土真宗で「阿弥陀仏に生かされている」という、自己の全体の中での発見、その発見に対する喜びは、真言のマンダラの精神と根底においていささかも反する要素をもっていないといってよい。その意味で、日本の密教は、日本人の精神的風土にもっとも適した仏教として作用したということができるであろう。

真言の実践

世界観で「万物肯定」の考えに到達する密教は、その体現も同様の方法をとる。すでにみたように、自然の動きにも、人間の動作も仏のそれとの通い合いを見るのであるから、仏への到達が、特定の行為によると考えないのは当然であろう。

日本の密教は、インド・中国以来の伝統を承けついで発展させ、仏教の歴史の中だけでなく、人間の精神史の中において、もっとも包括的で肯定的な世界観をつくり上げたのであるが、しかし、この境地は、何もしないで、何の自己反省もなく到達できるのではもちろんない。「大賢は愚の如し」ということばがあるが、密教のもつ肯定的世界観は、決して生れたままの人間本能の肯定と同義ではない。その点での疑問に対しては、何もむずかしい論議は必要でない。

もっとも典型的に万物肯定的な世界観を展開し、すべての人間の中に、仏のマンダラを見た空海弘法大師が、実際は、すべての修行・苦行にその若き日々を過したことを想えば足りるであろう。

それは、今日でも、弘法大師の生誕地、四国讃岐の善通寺をはじめ、津々浦々の真言寺にのこる「修行大師」の姿に見ることができようし、若き日の大師の著作や『三教指帰《さんごうしいき》』や、詩花集『性霊集《しょうりょうしゅう》』の中に生き生きと描き出されている。今にのこる土佐の室戸岬や阿波の大滝岳の大修行の伝説は、いずれもこれらの著作に出てくるはなしで、大師修行の並々ならぬことを示している。

では、その修行は、どのようなものであったのであろうか。

一口にいえば、それは、身体も口も心も、すべて仏に恥じぬ正しいものとしようとする修行であった。

身体・口・意《こころ》のすべての行いは、自分を通して行われながら、実は、自分ひとりの行いで終るものでは決してない。そのすべてが仏と通い合っているのであるし、また、それにふさわしいものとならなければならない。たとえば、われわれは、ことばを口にするとき、自分の考えをそれによって表わすのが目的ではあるけれども、それは必ず第三者に通じるものでなければならないし、また通じているではないか。ことばは、自分にとっては、思考の保存と表現の機能をもっているが、同時に他者に対する伝達と説得の機能をもっている。この二つは二つに分けて考えることはできるが、実質は合して一つである。仏教でいう「自他不二」であり「分別を超えた無分別」である。

何が故にそうなるかといえば、いうまでもなく、自と他を超えた、ことば自身の霊能があり、自も他も、それに参画しているからにほかならない。

そうでなければどうして、時と所をへだてた、見知らぬ人々のことばを、われわれが理解することができようか。

日本人が古く、ことばを「ことだま」（ことばは魂）と呼び、バイブルでも「はじめにことばありき」（ヨハネ福音書）と示したように、ことばの働きには、人智を超えた不可思議なものが働いている。密教で、人のことばを単なる口の業き《はたら》（口業《くごう》）と見ず、仏と人との双方に通いあう、不思議な、秘密の働き（口密《くみつ》）とみたのはこのためである。「真言《しんごん》」

とは正にそのことであり、「真言」は、仏のことばであると同時に、それを誦《とな》えることによって、仏に入る唯一の道ともなるのである。身体の秘密な働き（身密《しんみつ》）も、意《こころ》の秘密な働き（意密《いみつ》）も、みな同じ考えにもとづいている。全身全霊、すべて仏と交い合う。従って密教の実践哲学は、行為のどれ一つと限定できぬ全身哲学である。しかし、いや、それゆえにこそ、どの一つをとっても、仏と通い合わぬ行為はないのである。

かくて、日本の密教は、二つの大きな方向への実践道を示した。

一つは、身体・言語・心のどの働きをも緊張させ、信仰に基づいて体系化された天与の（ものと、信者には確信される）綿密な行動規範を墨守することで、それによってのみ、仏と一体化しうるとする道である。古来いう「事相《じそう》」がそれである。これは出発点が信であり、体系化の方法が「天与」のものと信ぜられているのであるから、その体系は単なる記号ではなく、完全な象徴である。したがって、その改廃に恣意のはさまれる余地は全然ない。

古来、日本の密教が、事相による限り、厳密きわまりない手続きを踏まなければならぬとし、ひとたび、天与の啓示によりそれが改められたとき、断じてその新しい方法を改めることを肯んぜず、終にかかる伝統がつもりつもって、野沢《やたく》（小野《おの》流と広沢流という根本流派）十二流・三十六派・七十余方という多数の門流を産み、それでも足りずに、さまざまな口伝《くでん》が阿闍梨から弟子へと暗々裡に伝えられて行ったのはこのためであった。

このため、密教の伝受はきわめて厳粛なものとなり、他の宗派の追随をゆるさぬ荘重な儀礼を産んだ反面、密教という名の示す一面である暗さを産んだことも否定できぬところとなった。真言の内部の学僧からさえ、灑水《しゃすい》（竜が海水を灑《そそ》ぐように、衆生を浄めるため香水《こうずい》を散杖《さんじょう》に付けて灑《そそ》ぐことをいう）の散杖の振り方を覚えるくらいならば、英語の単語を覚えたほうがよい、という人が現われて物議をかもしたことがあったのもこのためであった。

しかし、この約束は、ひとたびその真意を把握するとき、逆に、いかなる簡略な方法をも許すこととなる。たとえば真言念仏あるいは秘密念仏といって、阿弥陀仏または観音の名を称《とな》えることで真言の成仏がえられるとする信仰や、一字禅と称して、阿字《あじ》や鑁字《ばんじ》の前に坐禅して成仏しようとする方法が盛んに行なわれたのもこの現われであった。先に触れた四国遍路も、形式こそ簡略であれ、いかなる煩瑣な修法《しゅほう》にも劣らぬ真言の実践なのであるから。

想うに、三密のすべてを厳密に行う（三密双修《さんみつそうじゅ》という）のも、その一つだけを徹底して成仏をめざす（一密成仏《いちみつじょうぶつ》）のも、先にみたマンダラの種々相と同様、心に仏を宿して行うか否かにかかっているといえよう。心してみれば枯尾花一つで秋深まり冬の来ることをも知ることができ、雪中の梅の蕾一つで春のおとずれをみることは難事ではない。長く時間をかけ、数千里の旅をつづけてきた密教も、このような心情をもつ日本の地へ来て、はじめて、もっとも好適な処を得、充全な開花を見たということができよう。

大日経の世界

以上眺めたところだけでは、空海によって大成された日本の密教は、日本人独自の所産のように思えるかもしれないが、決してそうではない。密教は、もちろん、その根幹をインド密教の経典に仰いでいるのである。

ここに見る『大日経』こそ、その根本経典といわなければなるまい。真言宗・天台宗などの、いわゆる密教の諸教派においては、この経典は申すまでもなく根本経典である。ことに天台宗の密教、すなわち台密においては『大日経』と『法華経』の融和が中心課題の一つであるため、『大日経』の重要性は圧倒的なものがある。

真言宗における密教、すなわち東密についても事情は変らない。『金剛頂経』と共に、『大日経』は、いわゆる「両部の大経」を形成し、前者の示す仏の世界が、「金剛界」とよばれるのに対し、これは「胎蔵界」と呼ばれる仏の世界を示していることはよく知られている。

この二つに『蘇悉地経《そしつじきょう》』を加えれば、「三部の秘経」ということになり、さらに『瑜祇《ゆぎ》経《きょう》』『要略念誦経』（台密では『菩提場経』）の二つを加えれば「五部秘経」となる。『大日経』の圧倒的位置は、少くも教学的には明々白々である。

しかし、信徒の日常の勤行はもちろん、僧侶の実践においてさえ、『大日経』は決して一般的な経典ではなかったし、今日も、そうでない。一般性という点では『理趣経』に及ばざること遠く、研究・末疏《まっしょ》の作成でさえ、『十巻章《じっかんじょう》』の方がはるかに普及している。

このことは、わが国真言の学匠が『大日経』をめぐって、どのような研究・注釈を行ったか、あるいは行わなかったかを一瞥すると察することができる。

たとえば、撰者は不明であるが、江戸中期の享保十九年（一七三四）に、京都の寺町五条上ル町の書肆中野宗左衛門によって刊行された『密宗書籍解題』（『大日本仏教全書』「仏教書籍目録第二」四〇四～四一七頁）を見ると、「五部秘経」をはじめとして、挙げられている章疏約三百部のうち、『大日経』に関する末疏は三十部にすぎず、圧倒的に多数のものが、弘法大師著作、興教大師《こうぎょう》（覚鑁《かくばん》）著作に対する研究に捧げられている。経軌を見ても、『理趣経』『地蔵経』（延命経・十輪経・本願経等）『毘沙門天王経』『弁才天経』等一般の信仰に関係ふかいものに対する科注・講式の類いの方がはるかに多いのである。

「教相」（教義）と「事相」（実践）に二分して教えの両面を考えるとき、一般の信心が後者に傾くことは当然ではあろうが、根本経典でありながら、『大日経』はあまりにも内容が知られていない。このことは、他宗における根本経典、たとえば『無量寿経』や『法華経』と較べてみるとき、あまりにも明瞭である。浄土教徒や、日蓮門末のもので、『無量寿経』や『法華経』の著名な描写や譬喩を知らないものが多くあるであろうか。まずここに、『大日経』のもう一つの秘密があるといわなくてはなるまい。

漢訳の『大日経』で巻数・章数を挙げると、六巻・三十一章ということになる。これは経典の分量としてはまず中程度で、近いところでは『法華経』を考えることができよう。これは

しかし、『法華経』は、先にも述べたように、たとえば有名な「法華の七喩」などによっても知られるように、全篇にわたって、僧俗の信徒によって読まれる機会が少くなかったのに対し、『大日経』は、その最初の一章を除いては、他の章に信徒の眼の及ぶ機会はほとんどなかったのではないかと思われるのである。

それは、この経典にあって、第二章以下はほとんどすべての章が「印契《いんげい》」(印相《いんぞう》ともいう。手に象徴的な形を結ぶことで仏との感応をはかる実践)・「真言《しんごん》」(仏をあらわす聖句)・「曼《まん》荼羅《だら》」(仏を表す図や文字の表示)・「三昧《さんまい》」(仏と冥合するための坐禅・観法《かんぽう》)・「護摩《ごま》」(清浄の火を焚いて仏との合一をはかる行)等々、すべて、密教の実践面、すなわち、事相《じそう》のテキスト・ブックとなっており、理論的説明は、かたがた、これらの実践に従いつつ為されるという形をとるのがほとんどなのである。

したがって、これらの「事相」に関心なく、あるいはあっても、適切な細かい具体的な指導者のない場合には、これらの叙述の真意を理解することは極めて困難となる。古来から、中国・日本においては、『大日経』理解のための、最少限にして最良の注釈として、

善無畏《ぜんむい》・一行《いちぎょう》の『大日経疏《しょ》』が挙げられ、チベット・モンゴルのラマ仏教徒の間においては、覚密（Buddhaguhya）の『疏』が挙げられたのはこのためなのである。

これに対して、第一章は、全篇の、いわば理論的根拠をなす一章で、他の章と異なり、「事相」の知識と実行なくしても理解可能な構成をとっている。この点で、この第一章「心の在り方の章」（「住心品《じゅうしんぼん》」）は、明らかに他の章と異なっている。これは確かとして、では、他の章より先に出来たものであろうか、後から付けたものであろうか。『大日経』の成立についてては、さまざまな伝説が今日に伝えられているが、この「住心品」の成立についての伝説は何も触れられておらず、『疏』の中にも特に触れて論じられていないから、根拠をもって主張することはできないけれども、全体の構成から見て、『大日経』の本領はやはり、先に述べた、印契・真言・曼荼羅・護摩などにあるのであり、「住心品」はどう見ても後から付け加えたもののように思われる。この疑惑は私自身によって最初に得られたものではなく、かつて種智院大学の高井隆秀教授によって、『大日経』をめぐってのいくつかの話柄の中から提示されたものなのである。

私は、これは極めて示唆的であり、重要な問題であると思って、その関心に従って、何度か「住心品」と他の章とを読みくらべて見て、ますます教授の示唆の蓋然性の高いことを確信したのであるが、先にも述べたように、まだ、決定的な答えを得るに至っていない。

『大日経』の「三句《さんぐ》」と並行または先行する「三句」の比較研究を行っておられた長沢実導博士も、そのありうべきことには深い賛意を表されつつ、論証されるには至らないままに不帰の客となられた。

ここで、いまこの問題にこれ以上立ち入ることは、新しい確かな材料の出て来ない以上無理なことであろう。ただ、先後に結論は得られなくても、『大日経』が、冒頭に、全篇の哲学的立脚点を提供する一章を掲げ、以下、密教の実践を通じ、その提示する世界へ参入するための具体的な綱要書の役割りを為す三十の章が続いて来る、という全体の構成は見ておいていただくことができると思う。

本文六巻、「供養儀軌」一巻が付け加えられ、七巻と通称される『大日経』は、今日、原典こそ残っていない（但し、引用されて他書にその面影は止めている）が、チベット大蔵経の中にも完本があり、名実ともに、これによって密教が独立の声を挙げることのできた「産みの親」に当る大経典である。

中国・日本の密教家の間では、この『大日経』が成立するまでの理論的根拠の曖昧な、一般大乗経典の中に散説されていたような密教を「雑密《ぞうみつ》」といい、『大日経』成立後、『大日経』・『金剛頂経』が力を併せて確立した、理論的にも、実践的にも、明瞭に従前の大乗（顕教《けんぎょう》という）や、「雑密」的密教と区別しうる密教を「純密《じゅんみつ》」とよぶのが普通の習慣であった。いうまでもなく、「純密」とは、純粋密教のいわれである。

何がゆえに、『大日経』の成立を俟《ま》って、密教は純粋たりえたか。それは、その名の示すごとく、大日如来という、新たなる普遍的神格の登場により、従前の大乗仏教がたどった二元論的方向は、まさに統一され、仏教家の求めてやまなかった実在（空《くう》）と現象（有《う》・識《しき》）は個人の深い意識の底において実践的に冥合することを得たからである。この空と有、般若と方便の「二而不二《ににふに》」こそ、戯論《けろん》を超えた、真言（真実の言語）の世界であり、秘密の世界なのであった。

「住心品」は、まず、この大日如来の悟とはいかなるものであるかを、人の心のうけとり方に即して縦横に説明する。「住心」（cittasthāna）とは、文字通りには、「心の在り方」またば、「心の止まり方」（住心）を意味するけれども、その説明の仕方を見ると、心の差別《しゃべつ》相と、その高め方が眺められていることに気づく。漢訳の「住心品」では、心の六十の在り方を金剛手が世尊に問うとき、ただ「願わくば世尊、彼の心を説きたまえ」とだけ記されているが、チベット訳では、「世尊よ、心の差別（sems kyi khyad-pa）を説きたまえ」となっていることからも明らかである。

この心の在り方の説明は、誠に微に入り細をうがち、一種の実験心理学的な修行論を展開するのであるが、これらの心の種々相をふまえつつ、しかも、もっとも重要なことは、その差別相を通じて働きつづける真実——仏の心・大日の心——ということである。

これをもっとも簡潔な形であらわしたものが、有名な「三句の法門」である。

金剛手は大日世尊に真実の智慧について次のように問う。

世尊よ、かくの如きの智慧は、何を以てか因《いん》と為し、云何《いか》なるをか根《こん》と為し、云何なるをか究竟《くぎょう》とするや。

真実の智慧は、一体何により、何を原因（因）として発生するのか、そして何を栄養源（根）として発達するのか、そして究極的には、何をもって完成（究竟）とするのであろうか。

真実の智慧を考えるに当って、ここでは、原因と経過と完成という三つの段階をもって設問が提示せられたのである。この説明に対して下された答えは、次の三句である。

仏曰《いわ》く、菩提心を因と為し、大悲を根本と為し、方便を究竟と為す。

すなわち、さとりを求める心（菩提心＝bodhi-citta＝dyaṅ-chub kyi sems）が、すべての真実なるものへの出発点・原因であり、すべての他のものに注ぐ慈悲の心（大悲＝mahākaruṇā＝sñiṅ-rje chen-po）がそれを育てる根基であり経過である。そして、これらすべてが完成（究竟＝mthar-thubs）するのは、このように目覚めた善への意識が、その意識すらなくなって現象と完全に一致したとき（方便＝upāya＝thab）である、というのである。

そうなると、更に改めて問わるべきは、「菩提」ということの意味であろうが、これについては、経典は、右の問答に続けて次のようにいっている。

云何《いか》んが菩提とならば、謂く、実の如く自心を知るなり。

「自心」を知ることが「菩提心」だというのである。この「自心」とは、チベット訳に、「自己の心」（rai gi sems）と明らかにしているから、自分の心を曇りなくみることが、とりも直さず、真実を見、仏を見ることになると知ることができよう。『大日経』の「住心品」は、かくて、「心の在り方を知る章」であり、それがそのまま、万有の真実、すなわち「大日を知る章」となる構造をもつことになるのである。

以下の三十章は、この事実の適用である。ことばを換えていえば大日如来の示す宇宙の真実相、擬人的にいえば、大日如来の悟りの境地が、種々様々の人々を摂化・救済するために、千差万別の仏身を示現し、種々微妙の説法をし、先に述べたような、さまざまな真言・印契・三昧・曼荼羅・護摩などを展開して、それらの実践を通じて、人と仏の一体化（加持感応）、現象と実在の融合が企てられて行くのである。大日如来自身についていえば、その「自証」であり、衆生に即してみれば「化他《けた》」「神変《じんぺん》」である。この二つこそ、大乗仏教の二つの派——般若・中観派と方便・瑜伽行唯識派——がそれぞれに求めてきた般若（真実）と方便（現象）であり、いまこれが、深い意識と経験の底で一つになったとみられるのである。『大日経』がその本名（具名《ぐみょう》）を『大毘盧遮那が円満に成仏して、変化し加持せる方広経中の帝王と名づくる法の詳説』（『大毘盧遮那成仏神変加特経』Mahā-vairocana-abhisambodhi-vikurvita-adhiṣṭhāna-vaipulya-sūtrendra-rāja-nāma-dharma-paryāya）と云われるのはこのためなのである。

『大日経』がいつ、どこで成立したかについてはいろいろな説があるが、七世紀半ばを下らず遡らず、西南インドのどこか（栂尾祥雲他）という通説に従っておく。こののち、『大日経』は南インドへ伝わり、さらに北インドへ行き、この地の石窟に蔵されたりなどしたのち、中央アジアを経て、中国にまで及んだものと思われる。

この間の事情に触れるさまざまな伝説を見ても、この経典に「大本」があったとか、第七巻は別撰の供養儀軌であるとか、なかなかこの経典の成立が尋常一様のものでないことを物語る話がいく通りも伝えられている。その多くはおそらく事実に即するものであろう。

先に述べたところからもお察しいただけるように、この経典はそもそもが、他の大乗経典とちがっている。それは理論書ではもちろんなく、さらに、いわゆる「大乗仏教文学」でもない。「住心品」が僅かに理論書の性格を帯びているほか、他の章は、実践の綱要書であり、そこに加えられて説明に若干の理論を見るという、極めて変則的な経典である。それは『理趣経』と同じく、一つの物語も一つの挿話も、一つの譬喩すらもない。『理趣経』には、整然たる連鎖式の論証が見られるが、『大日経』は、かかる形式論理学や、さらには弁証法とも無縁な叙述の形式をとっている。

この経典の真意は、結局、われわれの日常生活や論理からの安易な窺知を峻拒して止まない、あの厖大な「秘密事相」の叙述の中から求めるほかはないのである。密教の極位を「未灌頂《みかんじょう》」のものに説かず、説かば「越三昧耶《おっさんまや》」といわれたのは、この意味では、やはり深い寓意を有している。少くも骨を折っての全巻通読は最低の要件であろう。その意味でこの経典は、やはり、多くの者にとってまだまだ高嶺の「秘経」というべきなのかも知れない。

神秘の光

では、『大日経』の主とされる大日如来の「大日」とは何をさすのであろうか。それは、太陽の光なのか。

ひとしく人の求めるもの、太陽の光はその最初にあげられるもののひとつであろう。常夏の光りまばゆいインドにおいて、太陽が神として崇拝される例にもれなかったことはいうまでもない。彼らのもつ最古の叙事詩『リグ・ヴェーダ』においても、太陽が万物をそだてはぐくむ力はさまざまにたたえられ、幾多の神々を生んでいる。スーリヤ（Sūrya）に代表される、ミトラ（Mitra）、サヴィトリ（Savitṛ）、プーシャン（Pūṣan）、ヴィシュヌ（Viṣṇu）、ヴィヴァスヴァット（Vivasvat）、アーディティヤ（Āditya）、ウシャス（Uṣas）などの多くの太陽神の名は、われわれにこの国の人々の、この神に対する強い信仰を知らせてくれるのである。

太陽の光が不滅であるのに比べて、地上のわれわれの生命はまたいかにはかないものであろう。長きといえど百年にみたず、すべての人々はあわただしくこの世を去ってゆく。この理法によって立つ道を示した釈尊その人も、その八十年の生涯をサーラ樹の木陰に終えた。この理法によりつつも、これを体認することはたやすくない。釈尊の多くの従者弟子たちが、太陽と仰いだ偉大な先徳の逝去を容易にあきらめえなかったのもむりからぬこととといわねばならぬ。釈尊の死後数百年ないし千有百年、のこされた弟子たちの思索の焦点は、死せる釈尊の生身《しょうじん》と、その太陽のごとき不滅の理法との関連いかんというにあった。これが紀元前後より大乗とよばれる時代にはいって、徐々に抽象的性格を増大し、不滅の真理を体得した釈尊は不滅のものであるという、思索・信仰の上の新たなる傾向をうむにいたった。このような抽象的な仏を、現実に生活した釈尊（生身の仏）に対して、真理の仏・法の仏（法身《ほっしん》の仏）という。ひとたびこの法の仏の理念が仏教徒に採択されると、その後の歴史は二重の方向をとってますます原初的な仏の姿からひきはなされてゆく。

第一の方向は、この抽象的な仏（法身仏）のきわまりなき抽象化の傾向であり、もうひとつの方向はこれを展開するために求められた極端に具象的な神々への道である。今日われわれがアジア仏教圏の各地でみかける多くの仏や菩薩、阿弥陀、薬師、観音、ターラーなどはいずれもこの時代以降の産物である。ヨーロッパの学者にいわせると、こうして仏教は一時にパンテオン（汎神殿）を擁する多神の新宗教となるにいたったのである。紀元七・八世紀のころには、インドの仏教は、この無数に展開した仏・菩薩を、ふたたびなんらかの形で統合する強い中心的存在が求められていたのである。

ただ、この中心仏は単に従来の法身のように抽象的存在に終るものであってはならず、また具象的な仏・菩薩の一端にとどまるものであってもならない。仏教を信ずるインドの人々の頭に、ここにふたたび想起せられた新しい仏が、あの古き時代の太陽神の力強い姿だったのではなかろうか。仏教がここに採択した新たなる仏、すなわち大日如来が、果してそのまま太陽神であるかいなかは即断することはできない。しかし最高の理性と無限の慈悲を内蔵するこの大いなる新しきイデアに、「すべてを照らす大いなるもの」（Mahāvairocana）と名づけたこの人々の意識の下に、彼らの祖先の信仰の世界が反映していたことをいなむことはできまい。

『大日経』とは、まさにこの新しい仏の展開する新しい信仰の舞台である。そこでは人々の強い信仰がうんだ新しい不滅の仏が、神秘の門を開く。人はここに、たゆまぬ行と不屈の信、くもりなき知の道に加えて、浅き人の知を絶した不可思議の世界のあることを知った。大日如来の照す神秘の光によって、仏教徒はふたたび意識下に横たわる世界の広さに瞠目《どうもく》する。この経典の展開する七章にわたる全巻が、ことごとくこの仏にささげる種々の儀礼と呪文《じゅもん》によって埋められていることも、こうしてはじめてその真意を知りうるのではなかろうか。この経の題名がつぶさには『大毘盧遮那《だいびるしゃな》(Mahā-vairocana――大日)成仏神変加持経』といわれるのもこのためである。

仏教徒が長く表に立てなかった強い一神教的性格がここにふたたび姿をあらわしたのは、仏教内の思想的展開に立つことにもよるが、同時に、このころからひたひたとインドの地に寄せはじめた、仏教の外からする強い異国のかおりにもよることが多かったのではなかろうか。この経のでき上がった所と想像される、西北インド、バルカッチャ(Bharukaccha)のあたりは、イラン的イスラム的な神々のたえず訪れた土地である。大日経にただよう一種のエキゾチックなかおりはここからも考えうるのである。

この経典が展開するシェーマ、蓮華《れんげ》のマンダラを通じ、不可思議な行事(護摩《ごま》、真言など)の実行によって、この仏のイデアの世界と感応しようとした、シナ・日本の仏教者の体系が真言宗の名の下に、およんで今にいたっている。

大日経のことば

かかる『大日経』のことばに、耳を傾けてみよう。

日ごとの営みに疲れたとき、人との交わりに捲《う》んだとき、長者のことばも救いである。友の慰めも憩いとなる。妻子の笑顔も喜びとなろう。

しかし、経典の語りかけて来ることばは、そのどれにも勝って力強いのではないかと思う。それは、生を共にしている長者や、友や妻子のことばとちがって、時として易し過ぎることもあり、また難しさにわたることもある。しかし、そこには何千年の長きにわたり、何十万、何百万の人の問いに答え得て来た力強さと普遍性があることは否定できない。

私が、知己のことばに喜びを見出しつつ、経典のことばに千万の知己を見出す理由はここにある。

数多い経典は、それぞれ、それだけの理由があってこの世にあらわれたのであるから、いまそのどれをとって代表とし、他に替らせるということはできないはずである。しかし、私自身の因縁によって、一つの経典をとりあげ、その執る理由を述べることは、私と立場を近くされる方には共感のよすがとなろうし、立場を異にされる向きには御参考となろうかと思う。こう考えて、私は、私に深い因縁をもつ経典として、先来の『大日経』をとり上げ、その最初の章である「住心品」の中のことばを見て行きたい。

『大日経』は、すでに見たように、今からおよそ千三百年前のころ、おそらく、今の西インドのどこかで作られたと見られる経典で、仏教の経典としては、いわば、ごくごく後の経典である。この経典は、中国や日本の真言宗では、「両部の大経」(二つの大切な経典)として、『金剛頂経』と共に大切にされ、チベットやモンゴルでもよく拝まれている経典である。大日如来という名によって、宇宙の生命力と本質とを人格化し、この仏と人間の同一性を信じ一体化をめざして修行することが、この経典の教えの眼目で、さればこそ、ここから、この身このまま仏となることをめざす、真言宗の「即身成仏」の教えが生まれたのである。

人が仏となることをめざす上で、最大の支障となるものは、無知と煩悩であることは、釈尊以来一貫した仏教の見方であるが、これらをとり除く真の智慧は何であるかを、「心の在り方を研究する章」である「住心品」は終始一貫して熱心な説明を重ねている。

まず、真の智慧があってはじめて、真智という薪が焼き尽くされることは、ちょうど、火が薪を焼くのと同じである、と示している。

世尊ヨ、例エバ火界ノ一切ノ薪ヲ焼クニ厭足《えんそく》ナキガ如ク、カクノ如ク、一切智智モ、

一切ノ無知ノ薪ヲ焼クニ厭足ナシ

ここにいう、一切智智というのは、すべての智（一切智）の中の智ということで、真実の智慧、仏の智慧を指す。このような智慧は、決して単なる理性の智慧に止まらず、すべての人の幸福の原因となりうる実際的な智慧である。

一切智智ハ、諸天世人ノ利楽ヲ為ス

今もっとも求められる、このような実践智は、では、いかにして得られ、われわれのものとなるのであろうか。これが経において発せられる次の疑問なのである。

世尊ヨ、カクノ如キ智慧ハ何ヲ以テカ因ト為シ、イカナルヲカ根トナシ、イカナルヲカ究竟トナスヤ

ここにいう、因・根・究竟はそれぞれ、原因と経過と結果（完成）をあらわしている。何によって智慧は発生し、何によって智慧は発達し、何によって智慧は完成するかと問うているのである。この最も緊急な問いに対して、この経典の答えるところは次の如きもの

である。

仏言ハク、菩提心ヲ因トナシ、大悲ヲ根本トナシ、方便ヲ究竟トナス

これが『大日経』六巻三十一品中、もっとも人によく知られた、いわゆる「三句《さんぐ》」の法門である。そのいうところは、智慧は、さとりを求める心（菩提心）を原因として発生し、人を救わんとする心（大悲）によって発達し、自と他、理想と現実のギャップを埋めて自由な活動の見られるようになったとき（方便）をもって完成するとみられる、というのである。しかも、経典は、では、その「さとり」（菩提）とは何であるかにつき、

イカンガ菩提トナラバ実ノ如ク自心ヲ知ルナリ

と明示している。

私の心がくもりなく自分をみつめるとき、真の智慧は発生し、救いを人に及ぼそうとするときそれは発達し、自他の別がなくなったときそれは完成する。今日の、「私」の智慧の在り方を想うとき、この経の示す智慧の在り方との余りに大きなへだたりに歎きを覚えると共に、また大きな励ましをもそこから感ずるのである。

不動明王の功徳

しかし、大日如来は依然として最高の仏として、われわれには映る。ここに大日如来を示す多くの仏たちが現われることとなる。

たくさんの仏・菩薩の中でも、誰にでもいつでもよく知られているものと、そうでないものとがある。お薬師さま・観音さま・お不動さまなどは、それぞれ仏・菩薩・明王《みょうおう》を代表するよく知られた仏さまの筆頭に来るものであろう。

このうち、薬師如来や観音菩薩は、インドでどれだけ広く信仰されたかという実際がわかっていないが、不動明王はインドで信仰されていたことを示す歴史的な記述がのこされており、その信仰がインド以来のものであることがよくわかっている。

すでに学者によって紹介されたことであるが（渡辺照宏『仏像百態』）、その一つを再現してみよう。ターラナータという人の書きのこした『インド仏教史』という書物に、不動明王について二つの記事がある。

その一つは、チャナカという王のとき、東方のバンガラ国という国が叛乱をおこして侵入してきたところ、ヴィクラマシラー寺の供物を司る阿闍梨が不動明王の法を修し、供物をガンジス河に流したらば、敵は戦わずして敗退したという（三十三章）。

もう一つは、ジエーターリという学僧が遍歴中、カサルパという土地に来て、不動明王の忿怒《ふんぬ》相の像を見て、はじめ「羅刹《おに》のようだ」と考えたが、夢にムニ・インドラ（仏）の胸から多くの不動明王があらわれて、害をなすものを調伏するのを見た。彼は仏の方便が不動明王の姿をあらわしたことを知り、先の不信を恥じた。懺悔してターラー菩薩に祈ったところ、「大乗の論書をたくさん作れば罪が消える」ということであったので、以後は一心につとめ、ヴィクラマシラー等のパンディタ（学僧）ともなり、名声が大いにあがったという（三十二章）。

この二つの話から、不動明王信仰がインドでも日本でも基本的には同一だったことがわかると、紹介者はみておられる。さらにその理由として、

(1) 不動明王の法を修し、供物をささげるものは、願望がかなえられる。

(2) また不動明王は恐ろしい姿をしているが、実は仏陀の胸からあらわれ、仏陀の命令を実行するものである。

という二つの事実を見ておられる。

そして、その願望の内容も、ここに出てくる二つの話にみると、不動明王がかなえてくれる願望成就（功徳《くどく》）の、もっとも基本的な形を二つながら示している。

一つは、前の話にあるように、敵軍をやっつけるというような、降伏《ごうぶく》の力。これはまた、後の話でも、恐ろしい忿怒の姿の不動明王は害をなすものを調伏するのだと説明され

ている。

もう一つは、志《こころざし》をえない学僧が、不動明王の威神力を信じて努力した結果、願望成就して成功したという話。

前の力が外の障礙《しょうげ》を破るネガティヴ（否定的）な力とすれば、後の力は、外の幸福を内に招くポジティヴ（積極的）な力ということになろう。不動明王の力として挙げられるものは、このいずれかに分けて考えることができるようである。

さて、こうしてでき上った、不動明王の功徳というものを眺めてみよう。

いま紹介したインド仏教史上のできごとは、大体十一世紀ごろの事実として記録されているのであるが、それを認めると、こういう形の不動信仰は、インド仏教ではごく末期のものだといわなくてはならない。

わが国の不動信仰も一口では尽くせないが、その功徳がよく整理されて述べられている『不動《ふどう》使者陀羅尼《だらに》秘密法』という密教の儀軌（密教の経典）をみてみよう。これは唐の金剛智（六七一〜七四一）の訳とされるから、右のできごとよりはよほど前のことになるが、ここでは年代はさして問題としない。ただ両方ともに、密教時代に考えられた不動明王の功徳ということでみていってよかろう。

さて、この儀軌でみると、不動明王の功徳は次の十だという。

(1) 世間の事が満願する

不動明王はここでは、無量力不動聖者、毘盧遮那《びるしゃな》使者（大日如来の使）となって、修行者の前に強い姿であらわれる化身と考えられている。だから、この仏によびかけるにもまた、強い心と激しい修行とが要求される。その行は四種精進の行といわれ、断食・服気・食菜・節食の四つである。

ここでは、だらにを唱え、水も呑まず、道場を荘厳《かざ》り、不動明王の画像の前で苦棟木《おうちのき》を焼くこと一千八遍すれば、世間のことは満願することを得るという。

(2) 心中所愛の福田が満願する

福田《ふくでん》とは、田畑が種子から穀物を生ずるように、心に生じた善根《ぜんごん》から仏果等の福徳を生ずることをいう。

ここでは、呪《じゅ》をとなえ、頸《くび》までつかる大河にはいり、東に向って毎日念誦せよ、と説かれている。その途中で、誰かに妨害されたときには、不動明王が現われでて、飛鳥・竜《りゅう》湫《しゅう》・外道悪人のすべてを降伏する、ことが付記されている。

(3) 神通力をうる

月蝕をみてその相を判断し、疾病をいやし、身体を隠し、空を飛行するなどの力をうる。このためには、土壇を作って不動明王を供養し、老いた牛の乳酪《バター》で供養すべきことが求められている。

(4)　宝を得、福を得る
深山・高頂の上に行き、殻《こく》を断ち、一心に念誦すれば、諸天の伏蔵した宝、鬼神の伏蔵した宝、人の伏蔵した宝が自然に出現し、すべての福はこころのままだと説いている。

(5)　病いを除く
杓子に牛乳を盛り、護摩で焼くこと千遍すれば、国中の病いを除くという。不動明王と護摩の結びつきが示されている。

(6)　衣服を得る
百草華《ひゃくそうげ》に蜜を混ぜ、呪をとなえながら焼け。百草華の色のように、赤華を焼けば緋《ひ》の衣というように、想いのままの衣服を得るという。

(7)　高官位を得る
蜜羅縛《びらば》という菓子を焼き呪をとなえれば国中第一の官位を得るという。

(8)　人の愛を得る
畢養魚華を焼けば一切人の愛楽を得るという。

(9)　多くの仲間・部下を得る
松を焼き呪すること十万遍すれば、無量の眷属《けんぞく》を得る、とされる。

(10)　富貴自在を得る
七寸の松の木を指の太さに割き、大麦を焼き、呪すれば、大丈夫自在なることを得る、という。

儀軌の描き出す不思議な修法を再現するのが目的ではない。しかし、密教という、現実の生活の中に理想の実現を求めた末期の仏教にあって、不動明王という神格の中に人々が何を求め、どうしたらそれを獲得できると考えていたかをみるために、経典の叙述を借りたのである。

これによってみると、不動明王は、人間が日々の生活の中にもつ、ほとんどすべての願いをみたす功徳をもっておられるように記されている。密教が現実の希望を達成させられる手段として、護摩《ごま》という代表的な手段をもつことは知られる通りであるが、その目的に従って四つに分けるのが普通である（四種護摩）。すなわち、

(1) 息災《そくさい》＝災いを消し息《や》める
(2) 増益《ぞうやく》＝福徳・利益を増進する
(3) 鉤召《こうしょう》＝善類を召集する
(4) 降伏《ごうぶく》＝悪党を折伏《しゃくぶく》する

の四つであるが、ここでは、その四つのすべてが具体的な形でことごとく盛り込まれていることがわかろう。

先に挙げた薬師如来にも十二の大願ということがいわれ、それがそのまま薬師如来の功

徳とされている。すなわち⑴光明普照、⑵随意成弁《じょうべん》、⑶施無尽物、⑷安立大乗《あんりゅう》、⑸具戒清浄、⑹諸根具足、⑺除病安楽、⑻転女得仏、⑼安立正見、⑽苦悩解脱《げだつ》、⑾飽食安楽、⑿美衣満足の十二であるが、⑵思うとおりになる、⑶無限の物を施せる、⑹身体は完全無欠、⑺病気なし、⑽苦しみなし、⑾食べものに事欠かぬ、⑿衣服は充分というようにずい分具体的な功徳があげられている。しかし、それ以外の功徳・願は純粋に理想上のものでありし（⑴、⑷、⑸、⑻、⑼）、不動明王の功徳の方がより一層現実的であることがわかる。しかも、その功徳は、最初にあげた、降伏と増益のうち、圧倒的に増益の方が多い。だから、われわれは、この儀軌でみる限り、不動明王の功徳は、さまざまの福をよび、もろもろの願いを満たす力として整理されたということになる。そして、これはやはり今日の不動信仰の一つの行き着いた型を示しているといわなくてはならない。成田山にせよ高幡《たかはた》不動にせよ、人々はさまざまの願望をこめて参りこそすれ、怨敵《おんてき》の調伏や悪党の折伏のために参籠するものは稀なのであろうから。

このような不動明王の功徳がどこから来るかを考えてみなければ、不動明王は、従来多くの合理主義者が下した判断と同じく、単なる中世的な現世主義の神と断定されてしまうにちがいない。不動明王の功徳の源泉、さらに広くいえば不動明王という神格の背景というものをみてみよう。

不動明王が大日如来の使者であり化身であることは先に見た通りである。不動明王が不動使者ともいわれるのはこのためで、童子の姿に描かれたり、美しい仏さまのお顔とちがった青黒く肥った奴僕の姿に描かれるのは、この何事でもテキパキとかたづける使者の精神を具体化したものと考えられるわけである。

ところで、われわれの日常の世界とは何だろう。仏の世界が自由・自在な、何らの束縛のない世界だとしたら、凡夫の日常生活は、それとは全く逆の、不自由・非自在な、束縛にみちた世界だろう。そういう束縛は、外から来ることもあろうし、自分の中から出ることもある。しかし、そのどちらも、それをうち破るのに非常な力を要することはたしかである。一枚の衣服でも、一鉢の飲食でも坐して得られるものではない。不動明王のあの怒りのお顔は、困難をたえしのんで日々の生活に苦闘している父親の苦しみの反映とみられないこともない。

もちろん、不動明王の怒りの姿は、これだけで解釈しきれるものではなく、怒りが人間の精神生活で、聖なるもの、異常なるものを表現するもっとも普遍的な表現であり、宗教意識の本源を示すものだから（渡辺照宏）であろう。『不空羂索経《ふくうけんさくきょう》』や『大日経』、あるいはその注釈をみると、不動明王が大日如来の化身であり、いかなる悪い環境、ひどい対象に向っても、大日如来の境地を具体化する力をもっていることが強調されているが、怒りは逆境に反撥する内なる力、悪に対して発揮される正義のあらわれ方と理解することができるわけである。

そうなると、不動明王の力の根源には、実は静かな大日如来の境地がひかえていることがわかる。この大日如来の功徳や性格を立ちいって述べることはできないが、大乗仏教で発達した、仏の性格づけ（法身論《ほっしんろん》）の最後に、この大日如来が来ていること、したがって、大日如来の性格の中には、それ以前の仏陀観で考えられた、すべての秀《すぐ》れた性格がひとつにまとめられていることだけは注意しておいた方がよいだろう。

こういう最高の理念として考え出されたものが大日如来であり、その理念が現実の世界に発動したのが不動明王なのであるから、不動明王はすべての環境、すべての願望に対応できなければ論理的にも矛盾してくるのである。不動明王の功徳が万能でなければ、大日如来はすべてに普遍妥当する法身ではありえなくなるのであり、大日を大日たらしめるためにも不動は万能でなくてはならないのだ。

大日如来が衆生教化の姿（教令輪身《きょうりょうりんじん》）をとったのが不動明王であるというのが、今みた『不空羂索経』や『大日経』の説であるが、もう少し古い経典で、その関係を窺えるものとなると『華厳経《けごんぎょう》』だろう。

『華厳経』は大毘盧遮那《びるしゃな》仏（密教の大日如来）の仏国土を描いた大乗仏教の一大文学であるが、その重要な一部分に「十地品《じゅうじぼん》」という章がある。善男子《ぜんなんし》が修行して十段階のぼさつの位を登り、仏果に至るべきことを述べている。その第八段階（第八地）を不動地というが、中道の智慧を得て安住し不動の境地であるところから不動地というのであるが、この不動ということばは、不動明王の不動と同じである（共に梵語でアチャラ＝無動・不動）。

この経文によると、不動地というこの境地に至った菩薩は、十身を示現し、十の自在を得、十力を安立するという。今それを見ると、まず十身とは、

⑴衆生身、⑵国土身、⑶業異熟身、⑷声聞身、⑸独覚身、⑹菩薩身、⑺如来身、⑻智身、⑼法身、⑽虚空身。

具体的な身体から、自由に形をかえ、仏道の修行の階程に応じて順次仏身に近づき、終には純粋に精神的な、無形の身体を自己（己身《こしん》）のうちに実現すべきことを示している。

十の自在とは、次のように示される。

⑴　一切衆生において自在者となる。
⑵　寿命の自在をうる。
⑶　心の自在をうる。
⑷　業（活動）の自在をうる。
⑸　生れの自在をうる。
⑹　勝解《ちえ》の自在をうる。
⑺　願の自在をうる。
⑻　神通の自在をうる。

(9)　法の自在をうる。
(10)　智の自在をうる。

十の力とは次のように示される。

(1)　意楽力、煩悩をはなれる力。
(2)　深心力、道を求める力。
(3)　大悲力、衆生の利益を図る力。
(4)　大慈力、世間のすべてを救う力。
(5)　総持力、法を失わせない力。
(6)　弁才力、仏法を思弁する力。
(7)　神通力、時と所の制限をうけない力。
(8)　願力、すべての他を救うぼさつ行の力。
(9)　波羅蜜《はらみつ》力、仏法のすべてを集める力。
(10)　加持力、仏の智を実現させる力。

この十の身体・十の自在・十の力の表現から、最初に挙げた不動明王の十の功徳との共通点を探り出し、これでその背景を見ることは困難なことではない。しかし、ここでは、その直接の関係を穿鑿《せんさく》するよりも、あのような具体的に挙げられる不動明王の力が、根底には文字通り仏・ぼさつの不動の境地をふまえていること、その仏の境地の現実への発動という還相《げんそう》的な所に不動明王の位置があり、逆に不動明王から仏をみるという往相的な位置に、このぼさつの不動地もあるのであろう。

　このことを抜きにして、不動明王の功徳にだけ目を据えると、不動明王が何故に明王（智慧の王）であり、大日如来の使者であるかが判らなくなってしまう。不動は大日如来という仏の使者なのであってわれわれの使者なのではないのだから。

五章　密教と現代

性善説か性悪説か

まず、仏教の人間観を、人間の本性を善とみるか、それともその本性を悪とみるか、つまり、性善、性悪の二つの法門をひとつのスタンダードにしてみると、最初にわれわれが認めなくてはいけないのは性善説である。

この性善説を簡単に述べると、「一切衆生《いっさいしゅじょう》　悉有仏性《しつうぶっしょう》」という言葉のうちに最もよくあらわれていると思う。「一切衆生　悉有仏性」というのは、改めて述べるまでもなく、『涅槃経』ではっきり打ち出された文句である。人はいずれも仏になれる、という考えなのだから。

しかし、この言葉を『涅槃経』だけの文句と考えるのはもちろん大いなる誤りであり、『涅槃経』は要するにこういう形に打ち出したということである。その背後には釈尊以来の長い仏教の伝統があって、この八字の中に凝縮したと見なくてはならない。

細かい話は省略する外ないが、一口でこれをまとめると、性善説というのは仏教である、仏教というのは縮めていえば成仏《じょうぶつ》教であるという一言に尽きる。これについてもいろいろ細かい問題点を述べなくてはならないけれども、一番仏教学的に問題になるのは、いわゆる原始仏教、小乗仏教では、仏になるということを願うより先に、あるいは願うこと以外に、羅漢というのになることを目指していたという有力な反証についてである。小乗仏教では成仏ということを決して目的にしないではないか、羅漢果を得るということが小乗仏教の目標だったろうということをよく問題にするわけだが、これは成仏の一歩前の段階として、釈尊もまた羅漢の一人である、その羅漢を越えて釈尊が成仏をなさったのだから、その前の段階としてわれわれもまず羅漢をねらうというのが正しいということは、専門学者がいろいろなところから論証している。

しかし、一番古い釈尊の金口《こんく》――釈尊の直接のご説法を金口の説法というけれども――直説《じきせつ》をまとめたものとして、亡くなった友松円諦先生が生涯講義なさった『法句経』（ダンマ・パダ）にも、『経集』すなわち、小句を集めた『スッタニパータ』にも適例をみる。後の『スッタニパータ』は中村元博士の翻訳によって、『ブッダのことば』という書名で岩波文庫に入っているので、読まれた方も多いと思う。その一番古いお経の中にさえ、われわれすべての者は成仏を目指さなくてはならぬという言葉があって、成仏は仏教徒の共通の基本的な目的となっている。いつ成仏できるかには、いろいろな考え方があろうけれども、いつの日かはともに成仏することであるという点では例外ではない。

だとすれば、仏教は大小乗とも、成仏教という基本的な公式は認めなくてはならない。そして、その成仏の可能性はどこに約束されているかというと、すべてのものが仏になる可能性を持っている、仏性というものを持っているという、ここに尽きるわけである。

であるから、仏教は何かと聞かれたときに、少し内容的に仏教を説明すれば、すべてのものが仏になることを信じ、また、そのために努める教え、と述べるべきだと考える。

そうだとすれば、われわれは仏さまから、おまえたちは必ず仏になれるぞという約束をもらわなければ、いろいろな障害のあるたびにその信念は崩れてしまう。事実仏教の歴史を見ると、仏さまは何度も約束を繰り返している。疑うなかれ、必ず成仏するぞ、つらいことが多く続くから疑うかもしれないけれども、決して疑ってはいけない、おまえたちにとって成仏というのは動かぬ事実であるということが、いろいろなお経に、原始仏教・小乗・大乗を通じて繰り返されている。

これを「授記《じゅき》」と言う。記を授けるというわけである。記というのは仏教語で約束のことをいう。この約束を記莂《きべつ》というが、記莂を仏さまからもらうわけである。おまえたちは毎日つらかろう、しかし必ず成仏できるのだぞ、自分がいやになってはいけない、人間を疑って否定し尽くしてはいけない、いろいろ人間に関しては否定的な材料は出るかもしれないけれども、最終的にはだれもみんな成仏できるのだというのが記莂である。これは原始仏教経典でも繰り返して説かれている。この経典の一ジャンルのことを、梵語でヴィヤーカラナといい、これは仏さまのお経を九つに分けたときの一つ、九分経の一つである。また、十二にお経を分けたときの十二分経の一つでもある。

であるから、お釈迦さまの大きなお仕事の一つは、仏になれるというのは特殊な選ばれた人であろうという絶望感に対して、そうではない、仏教というのは特殊な人の特殊な教えではないのだ、誰でも必ず成仏できるのだということを繰り返したことだったのである。これは小乗仏教に入っても何度も繰り返されて、『倶舎論』『婆沙論』等の代表的論書に、人間はなかなか救われないということを煩悩論として研究する一方、傍ら、必ず成仏できるということを繰り返している。

大乗になっては述べるまでもないわけで、大乗仏教は、たとえば『法華経』などを見ても、『法華経』の全編はすなわちこれ授記によって貫かれているといってもよいほどである。『法華経』をみれば、五百弟子に記を授けた、迦葉尊者に記を授けた——と、釈尊が何度も何度も約束を与えてくれている。

おもしろいことであるが、この授記という言葉であるヴィヤーカラナというこの梵語を訳すときに、中央アジアのある仏教徒は、エヴァンジェリオンというキリスト教の言葉で訳している。エヴァンジェリオンはいうまでもなく福音であるが、福音という言葉でこの授記という言葉を訳した文献の例があるのである。文献学以上におもしろい意味があって、キリスト教徒の「福音」、「幸いの訪れ」と同じようなものをわれわれ仏教徒は仏さまからもらっていたことが判る。

この思想を疑うと、仏教の存立基礎が全部ひっくり返ってしまうことになる。仏教は、仏さまから約束された、われわれだれでも、気がつかなくても、気がついても、疑っても、信じても、否定することのできない仏性というものを、みんなおなかの底に持っているんだという、ここから出発して今日に及んでいる。これをもし性善、性悪という角度から定義するとしたら、われわれはどうしても人間の可能性に全幅のウエイトをかけた性善説といわざるを得ないと思う。

これが仏教の一つの大前提であるとして、では一方の性悪説というものをどういうように仏教では見ていたか。実際はこちらの方が大きな問題、あるいは具体的な問題になろうかと思うが、これについて見てみたいと思う。

『在家仏教』誌の第二十二号に増谷文雄博士がその「新しい仏教概論」中に「仏教における性悪説の系譜」という、非常に有益な論文を書いておられる。

仏教の中にはずっと性悪説の系譜があるという論文であるが、増谷博士がそこで一番問題にされたのは、中国で性悪説が非常に発達したということである。その性悪説の代表者として、天台の第九祖、荊渓《けいけい》尊者、別の名前を妙楽大師ともいわれた人で、本名は湛然《たんねん》(七一一〜七八二)という。この方が性悪法門、性悪説を強く主張して、人間というのは確かにお釈迦さまから成仏の約束をもらっているけれども、ことほどさように簡単に成仏できるものではない、むしろ人間のその性は悪であるということを非常に強調されたので、荊渓尊者というと、中国の性悪法門の元祖のようにいわれるわけである。

中国の性悪法門の元祖のようにいわれたということは、それでは妙楽大師が勝手にそんなことをいったのかといったら、とんでもないことである。増谷博士も、インドの、やはり人間の性を悪と見ざるを得ない、ということを主張している学説を挙げておられる。これが「五性各別《ごしょうかくべつ》」という説である。

仏教特有の言葉の羅列で難解であるが、意味はきわめて簡単である。先ほどの「悉有仏性説」というのは、人間はおしなべてみんな仏になる可能性がある、ことごとく仏性ありで「悉有仏性説」であろう。それに対して「五性各別」は、読んで字のごとく人間は五つの種性《しゅしょう》がおのおの別であるという、人間いわば個別性、人間の差別性を見ようとする学説、これを「五性各別説」という。これもいろいろな経論に出ているが、『仏性論』という論書が代表で、『仏性論』の中で人間を五つに分けていろいろなことをいっている。

五つというのを簡単にいうと、まず、人間は生まれながらに仏になれる人がいる、これは「仏種性」という。釈尊みたいな人は「仏種性」を持ってお生まれになった方である。その次の人は菩薩になれるように生まれついている人、「菩薩種姓」の人である、仏・菩薩といえば声聞・縁覚と続くわけで、どんなに努力してもまず縁覚どまりの人が「縁覚種性」ということになる。その次に出てくるのが「声聞種性」、いいかえればお釈迦さまのお説法を聞いて、聞いた範囲で解脱が得られるという「羅漢種性」である。この四つの人を認める。

しかし、この四つはともかく仏さま、あるいは仏に近いものになれる、要するに解脱ができる、悟りが開かれる人であるけれども、問題は五番目である。五番目の人のことをどういうかというと「無仏種性」という人だという。どんなことをやっても仏になれない生まれつきの人がいる。仏になれないとしたら、成仏は当然できないわけで、しかたなく、仏性がないのだと見なくてはならない無仏性の人がいる、こういう説が、幾つかのお経ではあるけれども、本当に出てくるわけである。

これを受けて妙楽大師も、五姓各別説、すなわち、人間の中には一応は全部成仏できるとはいうけれども、成仏できない無仏性の人もあると仏がいっているぞということを主張した。ここのところから荊渓尊者は性悪法門の親玉のようにいわれたわけであるが、やはりこの人は非常にえらい人だったから、この人の影響力は逆に今度は日本の天台宗に及び、比叡山の一部には性悪説を奉ずる人が出てきた。

それを日本の仏教史の人たちは、天台宗の中で性悪説を述べる人たちというので、天台性悪法門ということをいう。比叡山には悉有仏性を『涅槃経』や『法華経』によって説く一部の人たちがいると同様に、またその陰には、荊渓大師の影響を受けて、人間全部が救われると思ったらばそれは甘いぞ、そうではないのだ、人間の中には救われない人もいるということを仏さまがいっているではないかということをいった人たちが、ずっと後まで一貫して残っている。これが天台性悪法門である。

こう見てこざるを得ないのが日本の仏教の歴史、そしてその背後をなす中国、インドの仏教の歴史だということを述べたわけである。これが実は仏教の最終形態である密教に至るまでの、インドの仏教のいつわりのない人間観の二つの流れである。

密教の人間観

仏教の人間観である性善説と性悪説の二つの流れを、もしわれわれが一人の仏教徒として受けた場合には、これをどう受けとめるであろうか。それぞれの経験と、それぞれの信解でいろいろにこの問題を考えるであろう。例えば私が仏教の話を今ここで述べていても、読者の中には私よりはるかに人生の先輩である方が多いわけであるから、人間のその性を善と考えるべきか、その性を悪と見るべきかということについては、非常に細かい、また、腹の底からの観察をお持ちであると思われる。

密教といわれる仏教が成立したときにもこの二つの流れが、密教の人たちの解決すべき課題としてその前に立ちはだかっていたというのが、私のいう密教に至るまでのインド仏教の人間観である。

先来、こういう二つの流れを紹介した後で、今度は、主題である密教における性善説と性悪説ということについて触れなければならない場所にきたわけである。密教もいま述べたように仏教の中の流れ、その最終的な流れである以上、いま述べた二つの流れが当然生きている。

その一つを同じ順序で見ていきたいと思うが、まず一つは、密教では人間の性を善と見る考え方が流れているかどうかということである。結論を先に述べることになるが、これはもちろんこの考え方が流れている。しかも、いままで以前のどの仏教よりも色濃く流れているということを認めなくてはならないと思う。

そのことを示す確実な言葉が幾つかあるけれども、まず一つを紹介すると、密教の成仏論は即身成仏の説といわれている。すべての人がその身そのままに成仏できる、これを即身成仏の説という。

この「即」という字がどういう意味があるかということも、実はいろいろ昔から議論されているところで、三通りの即身成仏の意味があるというようなことをいう。一口で述べればどういうことかというと、第一に即身成仏というのは、この身、このままに成仏できるという約束であるということ。第二にこの体を捨てないで成仏できるという、肉身の成仏を約束すること。第三には、時間的に発心したらばすぐそのまま成仏できるということ。こうした三つの角度から即という字の意味は解釈されている。

しかし、一番大切なことは、この即身の即という思想である。それは、先ほど私が述べたように、大乗仏教を一貫して流れている、われわれは仏から、成仏できるという約束をもらっている、という思想である。人は、ともすればその約束をわれわれ自身の持つ強い煩悩で忘れがちになるが、われわれはその約束を忘れてはいけない。私どもはみんなこの身このままで成仏できるという強い約束を仏からもらっているということである。

であるから、密教の成仏説、即身成仏説を見ると、その根拠にあるのはやはり、われわれがどのような状況に置かれようとも必ず成仏できる、即身に成仏できる、すなわち持っている仏性を拾い出すことによって、磨き立てることによって成仏できるという仏性説の系譜がまず第一にあるということだろう。

この可能性だけだったら、密教もまた大乗仏教の一つということでよいわけであるけれども、その上に立って密教たる特色を持ったのはどういうところにあろうか。これに関しては、その位置、状況、人間観から、次の基本的な約束三つだけを披露しなければならない。

その一つは何かというと、まず密教の人たちは非常に強い自他の一体感というものを持っている。これはこの前にも述べたことと多少重複するけれども、密教の世界観で述べると、それは六大説である。人間をつくっているものも六つの大きなるものである、宇宙をつくっているものも同じく六つの大きなるものである、その点で宇宙の本質をなすものと、われわれの人間の本質をなすものの間には差はない、私ども人間は煩悩を持って欲望に苦しむ卑小な存在であるけれども、その本質は仏と一つである、というこれが密教の信心の中心である。これを浄土真宗の方でいう言葉だったらば、あるいは仏さまのおかげでということになるのであろうか。

密教の人たちは、私も大日如来と同じだということを、このように表現するわけである。これが真言宗の人がよくいう、「われがすなわち大日である」、「我即大日」ということばである。われわれは自分で自分を見ていると、いやになるほど卑小な存在であるけれども、しかし、その本質をなすものは大日如来と同じである。

なぜかというと、いままで、いろいろな角度からみたように、私ども人間をつくっているものを考えてみよ、それはもう長いこと見て来たように六つのものである、六つの大きな力である。その第一は地である、その第二は水である、その第三は火である、風である、空である、識である。これは改めて述べるまでもなく、地面を指し、水を指し、火を指しているのではない。地面というもので象徴される堅いもの、堅固なもの、これが地である。スタビリティーとでも訳したらいいか、そういうもの。それから水というのは、低きにつく、いわば下降性という運動の方向をあらわしている。それと同時に、冷たいという性質をあらわしている。逆に火というのは上昇する性質を持っている、熱いという性質を持っている。風というのは、そういう温度とか運動の方向はないけれども、流動性は持っている。それらを受け入れる空間というものがある。その間に働く理性というものがあるではないか。地・水・火・風・空・識というけれども、この六つの大いなるものを真言宗では万物の本質とみる。

いままでの仏教はこの最後の識はいわず、五大といったり、あるいは最初の四つをいって四大という。新聞などでみると、お坊さんがお亡くなりになったときに、「四大不調《しだいふちょう》のため薬石効《やくせきこう》なく何月何日遷化《せんげ》しました」などと出るのは、この地・水・火・風を指すわけである。空を加えると五大になり、識を加えると六大になる。われわれは六大でできているというのが、真言宗の人たちが考えている宇宙観、人間観の公式で、京都には真言宗の新聞で『六大新報』などというのがあるが、真言宗の人は何でも六大でできていると考える。

であるから、われわれ人間は六大でできているものだというので、六大所成《しょじょう》という言葉を使う。われわれはみんな地・水・火・風・空・識でできているから、だれでもみんな六大所成であるというわけだ。これは密教の人間観の基本であり、これをよく考えると、意味が極めて深長であることに気づくと思う。

つまりわれわれは、われわれの持っている目で見ると、人間の差別ばかりが目に入るわけである。すべてわれわれは差によって人間を見る。仏教の言葉でいえば、どんな人でも四つの区別からは離れることができないなどといって、四句分別というようなことをいう。われわれは仏さまと違うから、みんな差別でものを見る。四句分別というのは、前に触れたが四つの言葉による差別、分別ということである。

どういうものがあるか。まず老若の区別がある。それから男女、これがまた一つの区別で、なかなか同じには考えられない。同じに考えられないからこそ、女の方からいろいろ差別語に対する反対など出るわけである。三番目は貴賤ということをいうであろう。尊いか卑しいかということである。最後には賢愚、賢いか愚かしいかということで、これが四番目にきて、老若・男女・貴賤・賢愚というのは、これはこの娑婆ではどうしても超すことのできない、人間に働く四つの区別であるというので、四句分別といっている。

しかし、この四句分別がわれわれの人間の世界であるとしたならば、仏さまの世界はどうであるか。仏さまの世界はわれわれの世界と違って、「法界《ほっかい》」という言葉であらわす。仏さまの持っていらっしゃる境地というか、仏さまの世界である。仏さまの世界は、差別というものはない。法界無差別《ほうかいむしゃべつ》というのがそこのところである。「色も形もましまさず」というようにいわれるが、その世界、白色白光《びゃくじきびゃくこう》の世界は無差別の世界であるはずである。

真言宗ではそのことを指して六大所成というようにいう。われわれは人間の凡夫の目で見るからいろいろな差別が見える、しかし、仏さまの目から見ればだれもかれもみんな地・水・火・風・空・識でできているではないか、こういうことになるわけで、これが六大所成である。

そうして見てくれば、それがすなわち仏さまであるということになる。大日如来というのは宇宙であるということをよくいうけれども、人でもあるのだ。大日如来は大きな日と書く。大きな日というのは太陽にたとえて、われわれすべてを照らすものということであろう。

しかし、太陽の光というものは陰ができる。盛んに英国の作家、コリン・ウィルソンがいっているように、われわれには二つの知恵がある。太陽の知恵というのはルネッサンス以来ずっと発達してきた。これはわれわれの知恵であるから、多くの便宜をわれわれに与えた。しかしその反面、その太陽の光の陰になったものには苦痛を与えた。われわれはもう一つの知恵、月光の知恵というものを呼び起こさなくてはいかぬ、というようなことをコリン・ウィルソンは『オカルト』という本の中で強調している。

私は、大日如来が大いなる日といって、ただの日の上に大きいという字を加えられた意味は、いわば日陰をつくらない日という意味ではなかろうか、コリン・ウィルソンの言葉をかりていえば、日光とあわせて月光の知恵を持っていらっしゃるのが大日如来である、こういうように考える。

ところで、真言宗の人たちは、この大日如来、仏さまの世界が表現するのにいろいろな手だてを講じた。真言宗というとよく聞くのが曼荼羅の説である。

先に、大、三、法と三つのマンダラを説明したが（一一六頁）、一番最後の曼荼羅を羯《かつ》磨の曼荼羅、あるいは羯磨《かつま》の曼荼羅という。羯磨というのは梵語のカルマを漢字に写したものであり、どなたもご承知のカルマ、つまり業《ごう》という言葉である。業といったら宇宙でいうと動き、運動である。われわれ人間でいったら行為である。宇宙の動き、人間の動きのことをインドの人は業、カルマといったわけである。これもまた曼荼羅であるというところに、真言宗の人は落ち着いた。

曼荼羅というのは仏の宿る世界であると述べたが、その仏の宿る世界をわれわれ凡夫の側から考えると、まず一番最初に、われわれが仏を感ずる手だてとして一番自然なのは、やはり色も形もましまさずというものの、色も形もましますす仏さまの画像というものを頼りにして仏の世界に入ろうとする、これが一番自然である。真言宗もその点では例外ではない。

浄土真宗の方だったら、『観無量寿経』にいうように十六想観ということをいう。仏さまを見るためにいろいろな手だてをする、こういうのを想観という。あるいは仏教学一般の言葉でいうとそれを観想といったり、あるいは仏想観という。これはいろいろな例がお経に書いてあって、何とかして仏さまを見たいというのが、われわれの先輩たちの大きな願いだったわけである。であるから、仏さまを見る手だてとして、さまざまな絵が生まれたのであった。

密教はこうやって仏の世界をつくり出した。この仏の世界をつくり出すのが、やはり何といっても曼荼羅の最初の動機だろうと思われる。そのことは密教の世界ではないけれども、一番この要求をよくあらわしているのは、奈良の当麻《たいま》寺曼荼羅の伝説で、「中将姫伝説」といわれるものである。

当麻寺というお寺が奈良にあることはご承知のとおりであるが、当麻寺に中将姫（法如尼）の描いたという曼荼羅が残っているが、これも、その伝説に従うと、亡くなった中将姫のお母さんを何とかして見たいと思った中将姫が、ある夜霊夢をこうむって、曼荼羅を織れということを阿弥陀さまからいいつかる。そしてお父さんの横佩《よこはぎ》大臣藤原豊成（七〇四〜七六五）の領地の中から蓮の茎を集めて、その茎の芯を抜いて、いろいろな五色の糸に織りなして、仏さまに手伝ってもらって、夜の白々明けとともに極楽国の曼荼羅ができ上がったということである。

これはもちろん伝説であろうけれども、曼荼羅というものに与えた、あるいは曼荼羅というものに籠めた古代人の要求というのが、実によくでている。美術品として鑑賞しようという曼荼羅の行者はいないはずである。いま私は曼荼羅の行者という言葉をはしなくも使ったのだが、曼荼羅は行の対象なのである。仏を見ようとするときに曼荼羅の中に入っていく、そして、その曼荼羅の背後の世界に遊ぶという、これが曼荼羅の第一の目的で、密教の人たちはそのことを「曼荼羅を行ずる」とか、あるいは「入我我入」、といっている。

これは私がよく思うことであるが、右の句は上に主語、下に目的語が省略されているわけで、仏我に入り、我仏に入るという、上下の「仏」という言葉を略して、入我我入といったわけである。であるから、曼荼羅はまさに仏さまが私の方に入ってくる、私も仏さまの方に入っていくという手だてであるから、最初はやはり一番目に訴えやすい、ヴィジブルな、タンジブルな、そういう姿をとったのは当然で、図絵の曼荼羅というのは、いつ いかなる世でも一番珍重された曼荼羅のようである。

その次に出来た三昧耶《さまや》曼荼羅は、もう仏さまを一々絵で見なくても、仏具一つを見て、剣一つを見てお不動さまを感ずることができる、こういう省略化というか、抽象化というのが進んでくる。

仏さまというのは、初めは目にそのまま訴えるものでなくてはならなかったが、抽象化がさらに進み、もうそういうヴィジブルな、目に訴えるものでなくてもいいというように、だんだん進んできた。そして最後にここにくると羯磨、宇宙の動き、人間の動きがそのまま曼荼羅であるということになったわけである。

そうなると、実はもう曼荼羅は曼荼羅といわれながら、曼荼羅が必要なくなってきたわけである。現在の場そのものがもうすでに曼荼羅の道場である。外に出て、そよと吹く風も、ちらりと散る花びらも、みんな曼荼羅である。京の五条の橋の上に立って、行き交う人を深山木に見てという歌がある。京都の一番にぎやかなところに立っていて、大勢の人が通る、ああいうところでは坐禅はできないというのはうそである。大勢通る人はみんな山の木であると見ればいいではないか、というような道歌があったように記憶する。

一五八二年、快川紹喜《かいせんじょうき》和尚が、織田信長の兵隊に攻め滅ぼされて塩山の恵林寺というところの山門の上で死ぬときに、「安禅必ずしも山水を須《もち》いず、心頭を滅却すれば火もまた涼し」といった有名な言葉がある。安禅は安らかな坐禅である。安らかな坐禅をするのに、どうして山や水のきれいなところでやる必要があろうか、心の動きというものは滅ぼし去れば、火もまた涼し、といわれた言葉を、ご存じない方はないと思う。

これは禅機の骨頂でもあろうけれども、真言でも同じである。真言はただその場合に、形に入って形を出るということをいうわけである。であるから、曼荼羅というものを見ることによってまずわれわれは何とか仏さまの世界に入っていこうとする。

そして、だんだんそのかりる手だてが少なくなっていって、最後にはもうそこに曼荼羅の絵がかかっていなくても、仏さまのお姿が刻んでなくても、会社の中でも、曼荼羅の中にいるという気持ちになるはずだというのが、この四曼説の最後である。

こういうことを述べれば、恐らくほかの宗旨と真言とはそう違いがないなというように考えられるかと思うが、そのとおりである。

仏の世界に入る手だての最後として、われわれは、では具体的に何を修行したらいいかということを、真言宗の人は三密行ということでいう。これはいまの言葉に直すと、全身的な訓練というように言ったらよかろうと思う。

これも改めていうまでもなく、だれでもご承知のことだろうと思うが、人の行為には身《からだ》と口と意《こころ》という三つがある。この身と口と心の三つはそれぞれの働きを持っている。これを身業《しんごう》・口業《くごう》・意業《いごう》と、大乗仏教ではみんないっている。しかし真言宗に限っては、この場合「業」という言葉を使わないで、必ず「密」という言葉を使って三密というようにいう。

どうしてであろうか。これが実はまた最初の問題、そして第二の問題に関連があるわけで、われわれの体も口も心も、その全体が仏さまとつながり合っている。私どもの口は、ことばをしゃべっていれば、自分の口、自分の言葉と思うが、そのわれわれの口から出るわれわれの言葉は、全部そのまま仏さまにつながるのである。であるから、われわれの人語はそのまま仏語であるということをいう。

同じように、体のこなしも心の働きも全部仏さまに通じるのだというのが密教の人たちの考え方で、これを理屈で説明せよといってもできない。私どもが自覚するのは自分の言葉だけ、自分の心だけである。しかし、その自分の心、自分の言葉が成立する背景というものを考えてみれば、その背景に仏がいるから、見ず知らずの人にでも善意も通じるし、悪意も通じるわけである。そう考えてくると、この働き、人間が一人でもっていながら、ほかの人に通じる働きというのは、言葉を超えた言葉、論理を超えた論理といわざるを得ない。これを密といったわけである。これはやはりわれわれのアクションを通じて確かめていく仏との一体感であろう。このところを指して三密の説という。

真言宗の人たちが考えることは、一口でいえば全部が仏とわれとのつながり合い、仏とわれとの一体感である。それを形而上学的に表現すると六大説になる、認識論的に表現すると四曼説になる。実践哲学的に表現すると三密説になる。われわれは形而上学的には仏と同じ六大でできているのではないか、その仏を認識するためには四段階あるではないか、それを自分のものにするには三つの一体感を一つ一つ確かめていこうではないかというのが、真言宗の持っている仏と人間との相関関係の三つの部門である。

これを真言宗では六大、四曼、三密の説というわけであって、これが私の言う真言宗の方の性善説の、いわば三つの角度である。この三つの角度を通じてわれわれは仏と同じだ、すなわちわれわれは仏になれるはずだ、ということを繰り返したわけである。

そうなると、いよいよ最後になったが、そういう密教であったらば性悪説は出てこないのではないか、人間を見る上で、人間のその性を悪と見る必要はないのではないか、という疑問が最後に残っただろう。このことについて一言だけ述べたいと思う。

確かにいままで述べたところで、真言宗、あるいは密教というものを考えていただくと、密教はいままでの仏教の総決算として、非常に万物肯定的な世界観が強いのである。したがって、人間肯定的な人間観が強いといってよいと思う。であるから、この点もいろいろ仏教の歴史の上から見ておもしろい問題を投げかけると思う。

インドの仏教は七世紀を過ぎるころから急激に困難な状況の中でその活動をしなければならなくなった。西インドでは、七世紀ごろにはもうすでにひしひしと衰弱の徴候というものを感じていたような、いろいろな記述がある。もう九世紀になると末期の自覚はつよい。インドの西北の端のカシミールには、仏教徒はもちろんのこと、インド教徒さえもいなくなった。このころは回教徒がどんどんインドに入ってきたわけである。

一番仏教の栄えた、いわゆる説一切有部といわれる部派仏教の代表者（説一切有部は中国や日本でもさかんに研究された初期インド仏教の代表的なもの）は、カシミールで活躍した人たちである。私も前にカシミールへ行ってみたが、ここは、確かに説一切有部の人たちがむずかしい議論をくり返すにはいいような、インドには珍しい、涼しいところであった。ここでいろいろな勉強をしたのだということがよくわかる。

しかし、いいことは二つないわけで、西の世界に近いので、一番先に回教徒がここに入ってきた。であるから、それが尾を引いているから、いまでもカシミールは住民の大部分は回教徒になっている。上層部だけがインド教徒になって、インド共和国に属すべきか、あるいはパキスタンに属すべきかということで、いまだに揉めている。そういう空気がどんどん中央インドに移ってきたのが、いま述べた密教の社会的な背景である。

しかし、私が非常に不思議に思うのは、仏教の歴史、密教の歴史が進行すれば進行するほど、人間肯定的な、万物肯定的な人間観、世界観が強くなってくることで、これは不思議である。人間の社会的な条件、自分を取り巻く環境が悪くなれば、普通悲観的な、ペシミスティックな人間観がふえてくるはずであるけれども、しかし、いわゆる密教の主流をなしたのは、いま述べたような人間肯定、人間のその持っている性にかけるという、いわば積極的な、ポジティブな人間観の方が強いわけである。

人間は環境が困難になると、反比例して、かえって人間に強く求める、人間の持っているよさにかけるという世界観が強くなるということかどうか、断言はできないけれども、事実はいま述べたとおりである。

しかしその反面、いま言おうとしている性悪説の系譜というのももちろんある。この性悪説の系譜は、本書でも述べた『仏性論』というような論書の中に強く出ている。少しややこしい話になるけれども、インドでは、人間の心の働きを見ようとする人たちの一派が仏教の中にできて、これを唯識派といっている。唯というのは、ただ何々だけといういい方で、識は心であるから、人間の世界をつくるのは心だけであるという、仏教の中の観念論学派が出てきて、これを唯識派といったわけである。

この人たちが盛んに人間の心を観察すればするほど、いい種は出てこない。人間を細かく見れば見るほど、やはり悪い種の方が余計出てくる。そういう人間の悪い種をいろいろに観察した学問のことを、煩悩論、あるいは業論という。唯識という学派は、人間の煩悩は何であるか、人間の業は何であるかということを細かく見た人たちであったのだ。

唯識派の人たちは当然のこととして、人間を細かく観察した結果、人間はそう手放しで肯定できるとはいえないということを強くいい出した。この人たちのいっているところに従うと、人間はなかなか成仏できないということになる。しかし、この人たちが成仏できるとしていい出して、三劫《ごう》成仏三大成仏の説が成立した。これは三大阿僧祇《あそうぎ》の成仏といわれるもので、人間は成仏できるかもしれない、しかし、その人間の成仏は阿僧祇、数え切れない長い無数劫《むしゅごう》の時間を経て、その後に成仏できるのだと、いう説になったわけである。そういう説が唯識派の中に色濃く流れている。

この流れがそれでは密教の中に入ってこなかったか。もちろん密教は仏教の最終形態であるから、これが入らないわけにはいかない。やはりちゃんと入ってきている。

どういうぐあいに入ってきたかというと、これが先ほど述べた曼荼羅のうちの一つ、金剛界の曼荼羅である。『金剛頂経』というお経に基づいてできたもので、金剛界曼荼羅というわけである。この曼荼羅の中と、このお経の中に人間の煩悩論、業論は強く影響を及ぼしている。

こういう中で見ると、では人間は一体成仏できるのか、できないのか。実は最終的には成仏できるといっている。しかし、その成仏は容易なことではないといって、『金剛頂経』が持ち出したのは、人間は五段階の長い修行を経て初めて成仏できるのだという答えである。これを「五相成身観《ごそうじょうじんかん》」といって、五つの姿を経て初めて即身成仏ができるということをいったわけである。

細かい術語の説明は省略し、要点だけを記す。密教の中にも、大乗仏教が長く苦心して来たように、人間をどう見るかということに関しての柱は二つである。その二つの柱は、ほかの仏教よりもかえってはっきり二つになったといってよい。その一つの柱が、長い間の性善説を踏んできた人間観である。この性善説というのは、経典の名前でいうと広く世に知られた経典ばかりである。先ほどから話に出した『法華経』は、どんな世の中がきても成仏できるぞ、成仏できるぞということを繰り返して教えたお経であろう。仏さまが天から降ってはこないけれども、地面から湧いてくる、「従地湧出品《じゅうじゆじゅつほん》」というものがある。「湧出品」というのは本当に末世のお経で、仏さまが地面から湧いてくるというのであろう。「宝塔品」を見ても、お釈迦さまが日月灯明仏と座を分かっている。

地面から仏さまが出てくるというのは実におもしろい考え方で、これは末世の経典の特色の一つで『法華経』があれだけ人々に喜ばれた理由の一つだろうと思うが、この中で繰り返していっているのは性善説、仏性説であろう。それをさらに悉有仏性という形で出したのが『涅槃経』である。

こういう人たちは哲学的には何に基づいていっているか。哲学的には、いうなれば直観主義に基づいているのである。これらのお経は論証のお経というよりも、直観のお経である。何をぴたっといおうとしたか。まずこれを信じよ、人間というのはいろいろな悪いところがあるけれども、その本性は仏の目から見れば空なのである、悪く見えることでさえ実は善なのである、本来の善が一時隠れただけなのである、こういう考えを繰り返していっていたのがこれらのお経である。

これらのお経の最後に出たお経で一つ重要なお経がある。禅宗の方たちが非常に重んじられた『楞伽経《りょうがきょう》』というお経である。この『楞伽経』の中に、人間はいろいろ悪いことをする。よい状態が断たれる。よい状態が断たれることを断善という。であるから、人々がいろいろな人に接して、どんなにご信心があったにせよ、この人は悪い人なんじゃないかと思う人はときどきはいるであろう。それを仏教徒が否定したらいわば本願誇《ほんがんぼこ》りというか、偽善か、うそになるのであろう。現に目の前にいる人が悪かったら、この人は悪いといってよいのである。しかし、悪いからだめだとか、仏はいないなどと決めつけることもまた、一つの断善になるわけである、というようなことが書いてある。

そこのところでこの『楞伽経』が教えるのは何かというと、どんなに悪い状態でも、その悪い状態は永久には続かないということである。これが、断善もまた不相続であるということである。これは人間を見る仏教の見方として、一番まとまった言葉の一つではないか。現在断善の人がいないといったら、うそになる。そこまで誇張すると、宗教に好意を持たない人がよくいう、宗教者の偽善ということになるであろう。現在目の前に悪い人がいることは、宗教を持っている人はかえってわかるわけである。

仏さまはやさしい人である。仏の顔も三度というくらいであるから。しかし反面、仏さまはお見通しという言葉もあるわけで、仏さまにわからないはずはないのである。であるから、悪い人を見てわれわれが断善と見るのは当然である。しかし、見て突き放したら、これはただ苛察の人、厳しい人、こわい人で終わるであろう。仏さまが厳しいのは、救うために厳しいのであるから、これは当然その反面、その悪い状態も永久のものではない。断善もまた不相続であるといういい方になるはずである。断善不相続、こういう言葉が『楞伽経』の中に出ている。

これらのお経が流れてきたのが、密教の中の一つの世界、これを胎蔵界曼荼羅というけれども、胎蔵界の胎というのは、仏さまのおなかのことをいう。その仏さまのおなかの中に現在の仏性のもとがすべて隠されているというところで完成したのが、密教の一つの柱である。これらのものが『大日経』というお経を中心にしてできた密教の中の人間観、密教の中の肯定的人間観の一つの柱である。

もう一つの柱が、人間のその性を手放しで善とのみ見るのは危険であり、人間の中にはどうにもならないほどの煩悩、業というものが強く流れているという派である。いわば性悪法門の流れは密教にも強く流れていて、私が先ほど述べた『仏性論』であるとか、あるいは『解深《げじん》密経』などというお経があるのであり、こういう唯識系統のお経では、強く人間を分析した。

私は先に、ある種の経は直観でいったというように述べたけれども、インド仏教のもう一つの流れは、人間を分析に分析を重ねて見ようとした。その結果として、ここで人間を見ようとするのは有《う》である。これに対し空とは、ものの本質は実体がない、ということである。しかし、私どもがおぎゃーと生まれて死ぬまで、ともかく五十年、七十年の生涯を保っているということの事実は否定できない。その持っている事実にいろいろな分析を加えるのを有といってよいし、あるいは天台の言葉をかりれば仮《け》といってもよい。ともかくわれわれはニヒリズムに陥ることはできない。生まれて死ぬまでこの体を持ち、この心を持っている以上は、その本質、それが何をなしているか、その現象でどういうものを持っているか、これを見ないわけにはいかない。これが分析の一派である唯識派を生んだ理由であろう。

インドの仏教の歴史を見ると、この二つがいつでもある。専門的にいうと、一方はものの本質を見抜く派ということで中観派《ちゅうがんは》といい、それに対してもう一方は人間の意識をもっぱら観察したので、これを唯識派という。この二つの流れが五世紀ぐらいまでずっと流れてきた。両方を受けたのが最初にいった密教であるから、中観派が『大日経』に流れてきたのに対して、唯識派の分析主義の流れが、『金剛頂経』、曼荼羅でいうと金剛界の曼荼羅ということになったわけである。

これが私の述べたい二つの柱であるけれども、この二つをどういうようにわれわれが、受け取るかということであるが、この二つの受け取り方もまた、インドの密教の人たちの言葉をかりればちゃんと出ている。その答えが、不二ということである。二つであって二つでない、「空悲不二」。空というのは先ほどの中観派である。悲というのは、その空の世界を現実に生かす方便の慈悲の世界であるから、分析主義である。般若は唯一つであるが、方便は無量である。

この空というのは仏の智慧であるから、絶対に変わることはない。しかし、その仏さまの智慧を現実に生かすための方便は無量であるというようにいう。あるいは千億の方便などという言葉も使う。そういうと、仏さまの持っている直観的な人間肯定の人間観と、現実に一人一人の人間を見ていき、社会を見ていくときに、われわれがいやおうなしに目にする人間のいやらしさというもの、これは一体別なのかということが最後の疑問として残る。

われわれは毎日生きていても、実際その疑問から自由になることはむずかしい。仏さまがどんなに人間を信じろといっても、目の前に不愉快な経験が幾つか重なればいやになってしまうというのが、私どもの気持ちである。

それを生かすにはどうするか。これはやはり毎日毎日、空悲不二を自分で行ずる以外にはないであろう。であるから、真言宗もまた最後の人間観になると、この仏さまからもらった大前提を、この小前提の世界で、一つ一つのできごとの積み重ねの中で信じ、行じていくほかにはないのだろうと思う。

真言宗ほど行という言葉を使う宗派はないということを言えば、その一端は納得していただけると思う。ほかとの比較ではないけれども、真言宗がきわめて現実肯定的な世界観を持って、人間肯定的な人間観を持っていることはいま述べたとおりである。曼荼羅の精神、大日の精神はまさにそれであろう。

しかし、それをわれわれの中で現実化していくのは、決して容易なことではない。であるから、真言宗では信者という言葉を普通使わない。真言行者という言葉を使う。弘法大師の跡を追いかけていくわれわれは、みんな同行《どうぎょう》という。これは浄土真宗の方でも同朋《どうぼう》、同信というように、真言宗の方では同行という言葉を非常によく使う。弘法大師の跡を訪ねてその御跡《みあと》を慕う人のことを同行といい、その背中に背負った笈《おい》には同行二人《どうぎょうににん》と書くわけである。弘法大師が一緒にいてくれるということである。

その間々でやることは何かというと、経典の言葉をかりれば、降伏《ごうぶく》であり、調伏《じょうぶく》である。降伏とか調伏というのは、いまでは何か特別な祈禱の力で、特別な力を生み出すことだけを指していうように考える向きもあるようだが、お経をよく読むと、たとえば『理趣経』というようなお経を読むと、決してそうではない。自分の内心にわき起こってくる煩悩を降伏する、調伏することである。

であるから、これは降伏という、戦争のときのサレンダー、降参とももちろん違うし、だれか憎しと思う人を仏の力をかりておとし入れることでもない。これは考えればあたりまえの話で、仏さまが人をおとし入れるのに力をかすはずはない。密教をそういう角度で誤解している向きもいままでは残念ながらあったので、密教の人間観もまさに仏教の人間観の外に立つものでなく、それを百尺竿頭一歩を進めたというところをのべたわけである。

鬼子母神信仰について

宗教の目的が、本来、救い得ぬものを救うことにこそ意義があり、最後の仏教である密教がその例外であり得ないことは前節の「性善・性悪」説の検討で見た。

密教が、世にいうところの「悪」なるもの、「醜」なるものに強い関心を持ち、これを積極的に採り上げた代表的な宗教であることは、「密教芸術」で採り上げられている「鬼形」「異形」のものの頻出によっても視覚的に明らかである。

このような、異形・鬼形のものは、後期の密教に至って、教理的に整理され、図像的に位置づけられるのであるが、その起源は極めて古い。たとえば梁（五〇二～五五六）代の失訳人名の原始密教経典で『陀羅尼《だらに》雑集《ぞうしゅう》』（大正蔵二十一巻、千三百三十六番）十巻があり、その第四に所収の『仏説護《ご》諸童子《しょどうじ》陀羅尼呪経』（菩提流支訳）に、多くの鬼神が挙げられている。

　そこでは、まず、おのおの怖畏の相をもつ諸鬼が小児に作用することによって、小児が異常な状態を展開することが述べられる。たとえば、弥酬迦鬼《みしゅがき》という鬼は、小児の眼精を廻転せしめ、弥迦王鬼《みがおうき》という鬼は、小児にいろいろな嘔吐をさせる。阿婆悉魔羅鬼《あばしつまらき》という鬼は、小児に取りついて口の中に沫《つばき》を出させる、等々で、このような鬼が十五鬼も説明されている。このような鬼がすべて、上記のような名と形と力とをもって実在していると説かれるのである。本節の冒頭で述べたような、外界に偏在する悪が、実体視されて確認されているわけである。

　同じ『陀羅尼雑集』の第八に収められている、『仏説六字大陀羅尼経』一品には、さらに、仏子の羅睺羅《らごら》が夜臥《ね》ているところで見た種々の鬼について述べている箇処がある。山の神が人を嬈《なやま》し、道・溝の神が人を嬈し、星死鬼神が人を嬈し、善死鬼神が人を嬈す、等々の恐ろしさを仏に訴えたのであった。これに対して仏は、『仏壁後鬼神呪経』というお経を取り、鬼によってお前が嬈されたら、このお経の挙げる鬼の名前を唱え、慈念をもってダラニを唱えよ、と諭しているのである。ここにも、外的にとらえられた悪、その具現である鬼を内心に投射し、「慈念をもって」鬼に対し、鬼の害をのがれると共に、鬼をも救うべきことを説いていることに注目しなくてはならない。

「原始呪経」において、鬼の種々相がとり上げられたその当初から、すでに、このような

「悪の消除」にとどまらず、「悪の救済」「悪の昇化」が意識せられていたことは、密教のその後の、悪に対する基本的態度ともなるのであるから、すでに先学によって、この経典の重要性は指摘されてはいるのであるが、もう少し蛇足を加え、敷衍することをお宥《ゆる》しいただきたい。

右の『六字大陀羅尼経』は、ダラニを挙げることで完結するのであるが、このダラニの本体がそのまま『檀特《たんと》羅《ら》麻《ま》油述神呪経《ゆじゅつじんじゅきょう》』一品として展開される。したがって、この経典によって、鬼に対すべき、悪に対すべき仏者の態度は、より明確にされるはずである。

冒頭、仏は、「諸弟子のために此の呪経を結ぶ。仏、諸弟子に告ぐ、『若し急あらば、当《まさ》にこれを読誦せよ。鬼神、あるいは来って人を嬈さば、常に、慈心、浄心、哀心を持し、還って自ら五蔵を視よ』と。仏是の経を結ぶ」としている。こう、心構えを定めたのち、始めて、もろもろの鬼に具現される、さまざまの悪が除かれる、というのが、この経典後半の趣旨なのである。

これによってわれわれは、先の『六字大陀羅尼経』で、諸鬼の雑を逃れる際にダラニを誦えるとき「慈念」をもつべきことを仏から示されたのに加えて、「慈心・浄心・哀心」を持つべきことを重ねて示されたのである。慈心は「いつくしみの心」であり、「不請《ふしょう》の心＝反対給付を求めぬ心」であり「友としての心」である。「浄心」は、人の「本来清浄」であることを信ずる心であり、「すべてのものの救われることを信ずる心」である。「哀心」は「他に対する限りなき共感の心」であり、「他人の苦痛を、わが苦痛と受けとる心」である。三つに表現せられているが、これらはいずれも、「自他不二の心」と、その実践的発現である「慈悲心」「慈悲行」、その哲学的根拠である「空」「空性」「空観」に基づいている点では変りはない。これが、大乗仏教の哲学と宗教の根幹であることは、これ以上呶呶《どど》するを要しないところであろう。

もっとも実際的であり、呪術的であり、したがって、教理的配慮からは遠いように見える「原始呪経」においてすでに、その基本的考え方は、大乗仏教で確立された「慈悲」「空」の精神をいささかも外すことなく祖述せられていることには、深く注目すべきであろう。

この上で初めて、先学の指摘されるとおり、「仏と衆生の間を結ぶ機能をもつ鬼神大将」が出現し、その「鬼神大将」が「鬼神をコントロールする」力をもつと共に、「仏にコントロールされる」という性格を備えるに至る必然性が理解されるであろう。

この点から、先学が、「原始呪経」の構成を、衆生を中心とし、呪と鬼と説呪者とより成り、呪は「諸鬼よ去れ、仏よ守護せよ」と願うことであり、鬼は衆生を侵害する性能を有し、インド人の日常生活の幸福を破壊する力の具現と見ておられるのに同感である。さらに、説呪者は、衆生の守護者で悪鬼の侵害を回復する性能を有し、その実現が利益である、と見、そのためには説呪者が鬼を支配することが要件である、と見られるのもその通りと思われる。

そしてさらに、仏教の側における、このような「原始呪経」は、紀元二世紀ごろの、インドの日常生活の中に普及していた、バラモン信仰を地盤として、現実遊離の仏教をバラモン化することによって、生命を得んとした意欲の下に生成され、ついに、インド人、インドの仏教徒の不可欠の信仰となり、のちに僧院密教の基調として承け継がれ発展するに至る、とみておられるのも、大要、同感といってよい。ことに大切なことは、このように仏教の呪経が社会的にはバラモン教の触発によって惹き起こされながら、理念の上では、あくまでも、仏教の特色を残していた、とみられる左の指摘は炯眼《けいがん》というべきで、先人の早くからの注目は敬服のほかはない。すなわち、「婆羅門的には梵王が娑婆世界全体の創造支配者故に、鬼は当然被支配者となる故、梵と仏との同一的見解の下に成った呪経は、無条件に支配力を認めているが、密教信仰としては鬼神大将とか、鬼子母神と言う媒介者を生産した」と。

たしかにこの通りではあるが、形の上の媒介者を出さない時でも、仏教の呪経では、ただ鬼の難、社会の諸悪を艾除《がいじょ》するだけの目的で呪を誦えることだけにとどまらず、進んで慈悲の精神によって、その悪をも善に転化し、止揚せんとする意図の活きていた姿勢だけは注意しておくべきであろう。「鬼の母」の説話――五百鬼王を子とし、人の子を盗みこれを殺し啖《くら》って楽しんでいた鬼子母が、遂に仏の勝方便力に由って覚悟し、のちには守護人となり、財物をなして天上天下の人恩に報いるに至る――も充全に活きてくるといってよい。

鬼子母の信仰とその背景は、古く部派仏教に発し、大乗経典に至り、密教に至って独特の展開を遂げているので、次に、鬼子母信仰に見られる、「悪」とその昇華を眺めてみよう。

鬼子母神《きしもじん》もまたインド人の日常生活に極めて強く密着した鬼神であった。この女神は本来、インド土着のものであり、今日でも、インドの各地で彫像として多くの遺物をのこしている。いわゆるヤクシャ（yakṣa 薬叉《やくしゃ》・夜叉《やしゃ》などと音写し、暴悪とか能啖鬼《のうたんき》などと訳す）の一類（この場合は女神だから、ヤクシャの女性形をとりヤクシニー・yakṣiṇī という）である。この女神は、今日のネパールでは瘋瘡《ほうそう》の神として崇拝され、王舎城（Rājagṛha）では、子供の守り神として信仰されている。

仏教経典では、先に述べたとおり、原始経典から小乗・大乗・密教を通じて、広く長く、この女神の説話が祖述されているが、基調は一貫しているといってよい。多くの経典の中で、中間に位し、もっとも簡潔にまとまっていると思われる『雑宝蔵経《ぞうほうぞうきょう》』巻第九に収められている「鬼子母失子縁」の記述によって、この説話の大要を見てみよう。

この経典は名の示すとおり、種々雑多な物語の集成で、主として仏に関し、それと関連ある、インドの因縁譚・譬喩・本事・本生《ほんじょう》が収録せられており、十巻で百二十一の説話より成り立っている。訳者は元魏代献文帝二年（四七二）、吉迦夜《きつかや》・曇曜《どんよう》の共訳である。『賢《げん》愚経《ぐぎょう》』などと同じく、わかりやすい物語集であって、一般の信仰の源泉となるような教えや物語の宝庫である。その成立については、仏滅後四百年ごろの祇夜多《ぎやた》尊者（Jeyata）と月氏人カニシカ王との問答が記載されてあるところから、この年代以後に、北インドあるいは、北辺の地域において集録され成文化されたものであろう、と見られている。

　カニシカ王の在位は、一二九年から一五三年とみられるから、この経典の成立は、二世紀後半以後とみなければならない。

　さて、この経典によると、鬼子母とは、老鬼神王の般闍迦《はんじゃか》（Pañcika）というものの妻であった。その子の数は一万人で、みな大力士の力があった。その最小子（末子）を嬪伽羅《ひんがら》（Pingala or Priyaṅkara）といった。この鬼子母の性質は兇妖暴虐で、人の児子を殺してみずから噉《くら》い食するという毎日であった。人々はこれを患《わずら》い、ついに世尊にこれを告げた。このとき世尊は、嬪伽羅を取って来て、鉢の底に盛り着けてしまった。鬼子母は可愛がっていた末子の姿が見えなくなったので、夢中になってその姿を求め、天下を周遍すること七日間、ついに捜し求めることができなかった。愁憂懊悩した鬼子母は仏のみ一切智をもつことを聞き、世尊のもとを訪れる。見付けることのできないのは道理で、それは人間のはからいではなく、仏のはからいであることが示され、従って、その謎を解くものも仏以外にはない、という意が示されているのである。

頃はよし、と見た世尊は、鬼子母を自分の所へ寄びよせる。そして、お前には万人の子があって、ただその一人を失っただけで、なぜそのように苦悩愁憂してそれを捜し求めるのか。世間では、ただ一人の子だけ、あるいは三人、五人の子だけの人も多いのに、お前はいままで、そういう家の子たちを殺害して来たのではないか、とさとされた。

ここにおいてはじめて、自分の犯して来た罪業の怖ろしさを知った鬼子母は、心からその罪を懺悔し、仏の弟子となり三帰五戒を受け、以後決して世人の子を殺さないことを誓う。かくて仏は鉢の中に蔵していた嬪伽羅を鬼子母に還し、鬼子母は幻の如く長く仏弟子となったというのである。

このののち、鬼子母の信仰がインド国内に広く行なわれるようになったことは、このののちも、鬼子母に関する経典が数多く製作されたことや、その実際を記した旅行記の記述などによって充分に知ることができる。

インドにおける信仰を記録した義浄の旅行記——『南海寄帰内法伝』——は、七世紀末の仏教事情をよく伝えているが、それによると、施主は衆僧に施食をしたならば、そのあと、食一盤を安じ、訶梨帝母（Hārītī）すなわち鬼子母神に供うべきこと、その因縁を述べ、「故に西方の諸寺、毎《つね》に門屋の処において、あるいは食厨の辺に在って、母形の一児子を抱き、その膝下においてあるいは五あるいは三を素画して、もってその像を表わし、毎日前において盛陳供食す。その母はすなわちこれ四天王の衆にして、大豊勢力あり。その疾病ありて児息なきもの、饗食してこれを薦めればことごとくみな願を遂ぐ」としている。これをもってみると、七世紀末のインドにおいて、鬼子母はすでに産生の女神となっていたことを知ることができる。

わが国において、鬼子母神を律院に祀り、産生、または幼児保育の神、あるいは盗難除けの神として崇拝するのは、このインドの信仰を承けたものとみられる。また、日蓮宗においても、とくに鬼子母神信仰が盛んなのは、『法華経』に、この尊の法華経擁護の本願が記されているからである。

さて、この説話も、すべての説話同様、意味をどのように汲み取るかは、ほとんど無限に自由である。わが子に対する絶対的愛情の増大と、それに反比例する他人の子への無関心の深化という、今日の世相への警告とも取れるし、人は、いかなることをも、自分において経験されぬかぎり実感を伴わないという示唆を見てとっても差し支えない。

しかし、筆者はいま、悪の権化としての鬼女が、仏への帰依によって、その悪を除去せられただけにとどまらず、進んで善の権化として、子供の守り神にまで高められたという、この説話の発想自体に注目したい。

一般にわれわれは、日常、悪なる行為に接するとき、その行為者の本質まで悪を見てしまう。しかし人間における悪とは、そのように善とまったく対極に立ち、ただ除去され、場を譲るべきものなのであろうか。善悪をそのように見ていいとは、仏教がいわぬことは既に見た。

仏教の長い歴史の中においては、善悪に対して、極めて厳しい態度をとった教えもあり、融和的な立場に立ったかのように見える流派もある。人間の本質に悪なるものを認めようとした流れは「性悪説」「性悪法門《ぼうもん》」といわれ、善を見ようとした人々は「性善説」「性善法門」と呼ばれている。しかし、この二つを両極に立つ二説とみてしまうと、そのいずれかは、仏の趣旨に反した邪説ということになってしまうではないか。

悪の性質は仏も有するところであるが、行為として仏は善をなす。みずからのうちに悪を有するからこそ、仏は人々の悪を理解し、共感し、その所にまで来て人々を救うことができるのである。われわれの日常生活でも「貴人情を知らず」といい、「若いときの苦労は買ってでもしろ」という。人間の苦、人間の悪を知らないものが、どうして人間の内なる善を引き出し、人間を救うことができるであろう。「人に善あり」という考えと「人に悪あり」という考えとは、対極に立つものではなく、同じ一つの考え——善悪の相即不二——の両面とみるべきものでなくてはならない。

密教において悪や善悪がどのように考えられているかは、基本的には、この考え方を継続し発展させたものと見ることができる。

密教とは、改めていうまでもなく、インドの仏教の最終形態である。ことばや論理にとどまらず、直接、仏の世界へ入って行こうとする教えである。公開的なことばや論理を超えて、真実の世界に入るのは表現可能な世界からの飛躍であるから、それを「秘密の教え」「密教」といったのである。このように密教においては、当然、人間をみる上でも、論証からよりも、直観と行為においてその本質と表現を捉えようとする。人間は毎日、心がけても志しても、いや、そうすればするほど、悪なる行為をなしてしまう。そうしなければ生きていけない社会が悪いのか、人間とはそのようにできの悪い動物なのか、それは誰にも判らない。しかし、われわれは誰も、自分の苦痛にのみ敏感で、他人の苦痛には同じ経験に遭うまでは鈍感なものである。あの鬼子母神のように。

このことを自覚するとき、その自覚が深ければ深いほど、われわれの勇気はくじかれる。仏に祈る勇気さえなくなってしまうほどである。しかし、この絶望に立ったとき、そこに開けるのが終極ではなくして、そこにこそ救いの第一歩が始まることを教えたのが仏教、ことに密教の善悪観、人間観であった。

密教は、人間の長い人間観を継承して、すべての人の中に仏を見、すべての仏の中に人間を見た。これを可視的に表現したものがマンダラである。マンダラとは「本質《マンダ》を有するもの」を指す。本質とは、いうまでもなく仏をいう。マンダラに描き出された何百という仏たちは、その末端では、あらゆる異形・鬼形のものである。悪である。しかし、これらの諸悪のものたちが、ひとたび仏に触れ、その悪を自覚し、降伏《ごうぶく》に努めるとき、すべて悪のままに善に転ずるという人間観には、仏教史の長い帰結を感ずると共に、深い今日的意義をも感じないではいられない。では、かかる人間観は、具体的には、どのような宗教的実践となって今日に生かされていくのであろうか。

火渡り、滝打たれの修法

燃えさかる火をはだしで踏み渡る。大きな音をたてて落下する滝の下でその水をうける。文字どおり、水・火の試練に堪える修行が今日も日本の各地で行なわれている。この修行の母胎となっているのは専門的な修行者の集団（修験《しゅげん》）であるが、各派の仏教教団の僧侶も、在家の男女も、ひろくこの行事に参加するように、修行の型態としてはかなり特殊なものでありながら、火渡りも、滝行も、仏教的な修行のうちでは、かなり全国民的・全階層的な広がりをもつものの一つである。この意味だけでも、この二つの修法を「今も生きている仏教神秘主義」として観察するのは許されるのではあるまいか。そこで次には、火渡り・滝行を「仏教神秘主義」と見ることの当否が問われなければなるまい。

この二つの修法とも日本の各地に見られる。東京周辺でいえば、その西端高尾山において、この二つを共に経験し観察することができる。

まず、火渡りは三月はじめに行なわれる。最近は種々の便宜のため、三月の第二日曜に行なわれるようになったが、戦前は十日に行なわれた。火渡りが冬の終りをつげ、春の到来を想わせることは、少年時代をこの山の麓ですごした筆者にとってのなつかしい想い出でもあった。

火渡りが、年一度の行事で、いわば一回性の修法であるのに対し、滝行（滝打たれ・水《すい》行《ぎょう》）は継続的な修法である。滝びらきは四月一日、滝じまいは十月三十一日と、年の約半分の七ヵ月が行者の修法のために開放されているわけであるが、実際は、滝じまい、すなわち行場としての滝が閉じられてのちの冬期も行者の利用はほとんど変ることがないといえよう。したがって滝による修法は年間通じてのものであるということができよう。

さて、このうちの「火渡り」であるが、「修験道火渡り祭」と公告されるように、これは本来、修験道・山伏の修法である。この修法が行なわれるに当っては、青竹で結界《けっかい》し、水天の真言——ノウマク・サンマンダ・ボダナン、アハム・ハタエイ・ソワカ——帰命《きみょう》す普《あまね》き諸仏に、水の主に。莎訶《そわか》）——や経文が唱えられ、儀式が開始される。この場合の経文は『般若心経』や、『観音経』で、必ずしも密教的な経文が用いられるのではない。点火の際には、大先達《だいせんだつ》が刀をぬき、まわりの先達たちは鈴をならし、法螺をふき、修験による法楽が荘重な空気をかもし出す。

こうして点火された火が燃え落ちたとき、まず役《やく》先達がはだしでこの上を一気に渡り初めをする。多くの先達、信者がこれに続く。このときの火は、ちょうど火鉢の中のおきのように、当然皮膚を損傷するのに充分の熱気を有しているのであるが、邪念をおこさず、躊躇《ちゅうちょ》せずこれを行なえば、火渡りによって火傷を受けることはないという。むしろ、この火からたちのぼって全身をつつむ熱気による立ちくらみなどの方が戒心を要するということが、数次ならず、この行事に参加された高尾山の大山隆玄師のお話であったが、これによっても、火渡りの微妙な実践法と、その並々ならぬ熱気を感ずることができよう。

滝行もまた、火と水の違いはあるが、全身的な緊張とバランスの上に立つ修法である点は同じである。一回性の行事であるから、宗教的な別天地としての道場の境界（結界）は、四月一日の滝びらきの時以外には儀式としては行なわれない。しかし、行場に入るに先だって、不動の印言――ノウマク・サンマンダ、バサラダン、センダ・マカロシャダ・ソハタヤ、ウン・タラタ・カンマン――帰命す普き諸金剛に。暴悪にして大忿怒《ふんぬ》の相あるものよ。破壊せよ。吽《ウン》、怛囉吒《タラタ》、悍漫《カンマン》）――をとなえ、不動の印を結び、経文を唱えての ち行場に入る。このときの経文も、火渡りのそれと同じく『般若心経』や『観音経』が誦《じゅ》せられることが多く、密教経典は誦せられていない。九字が切られたり、滝壺に入る前に鋭く喝《かつ》をとなえるのは、火渡りの場合と同じく修験の修法である。

火渡りの方は、一回性の行事でもあり、特殊でもあるために文学作品にまで描かれたことはないようであるが、滝行はしばしば描かれている。

有名なところでは、『平家物語』巻五「文覚《もんがく》の荒行」に詳しく、その修法の過程と、彼の身心の昇華の過程が描き出されている。

文覚は、山里の藪の中へ入り、裸になって蚊・虻《あぶ》や蜂・蟻などに七日さされ通しになるという荒行をやってのけてのち、熊野の那智におもむき、滝本で滝に打たれる行をする。ころは十二月十日（今の一月半ば）余のことで、「雪ふり積り、氷柱《つらら》凍《い》て、谷の小河も音もせず、峰の嵐吹き氷り、滝の白糸垂氷《たるひ》となりて、皆白妙《しらたえ》におしなべて、四方《よも》の梢も見えわかず」というありさまであったが、文覚は滝壺におりてひたり、首際までつかる。「慈救《じく》の咒《じゅ》」（不動の印言の一つ）を唱えていたが、四、五日目には堪えきれなくなって掻《あが》き上ろうとしたが、「数千丈張り落つる滝なれば、なじかはたまるべき。颯とおし流され、刀の刃の如くに、さしも厳しき岩かどの中を、浮きぬ沈みぬ五、六町こそ流れけれ」ということになってしまう。この時、一人の美しい童子に助けられ、息吹きかえした文覚はふたたび行をくりかえし、三日目に滝壺でついにはかなくなってしまう。その続きを原典から引用すると――

ときに滝壺を汚さじとや。鬢《びんづら》ゆひたる天童二人、滝の上よりおり下らせ給ひて、世に暖に香しき御手を以て、文覚が頂上よりはじめて、手足の爪先手裏《たなうら》に至るまで、撫で下させ給へば、文覚夢の心地して息出でぬ。そも如何なる人にてましませば、かくは憐み給ふらんと問ひ奉れば、童子答へて曰く、我れはこれ大聖《だいしょう》不動明王の御使に、金伽羅《こんがら》、勢多伽《せいたか》といふ二童子なり。文覚無上の願を起し、勇猛《ゆうみょう》の行を企《くわだ》つ、行きて力を合せて、明王の勅に依りて来れるなり、とぞ答へ給ふ。文覚声を怒らして、さて明王は何処にましますぞ、都率天《とそつてん》にと答へて、雲井遙かに昇り給ひぬ。文覚掌《たなごころ》を合せて、さては我が行をば、大聖不動明王までも知ろし召されたるにこそと、弥《いよいよ》頼もしう思ひ、猶滝壺に帰り立ちてぞ打たれける。其後は誠にめでたき瑞相ども多かりければ、吹き来る風も身にしまず、落ちくる木も湯の如し。かくて三七日《さんしちにち》の大願、遂に遂げしかば、那智に千日籠りけり。

酷寒の荒行の極端で、文覚が体験した瑞相は論理による説明をまつべき性質のものではない。おなじく滝行に専心する病弱なインテリの経験を描いても、肉体にみられる変化のほかには、精神的な昂揚は、幻聴や人間の奸詐《かんさ》と描くのが現代の小説の発想である（黒岩重吾『幻聴への約束』、『文藝春秋』昭和四十三年四月号）。しかし、宗教や、哲学における超論理的な境地の展開になれたものにとっては、文覚の経験が、神人合一、全と個の合体のカテゴリーに属する不思議の経験であることは容易に理解されよう。その仏教的形態から、これを仏教神秘主義と呼ぶことも許されないことではない。

火がその上へ昇る性質から、人を天界に運ぶもの（celestial destiny）であり、火は精神

（spirit）をうつすものであり、したがって火をあつかいこなすシャーマンは「火の統御者」（masters over fire）であるという考えは、ブリヤート蒙古人、チュクチー人、コリヤク人のような原始的な遊牧民から、インド人のアシュヴィン双神に見られるようにかなり高度な信仰にまで普く見られるところである、とエリアーデは報告している（M. Eliade：*Shamanism*, p. 10, p. 206）。熱は力であり、神秘である（mystical heat）であり、妖術師も女妖術師も〝内なる火〟（innerfire）を蔵し、その火を盛んにするために塩水をのんだり、強い香辛料をとったりする（ibid. p. 475）。

こういう火の信仰は、太陽説とも連関して説明されようし、祓浄《ふつじょう》説によっても解釈される場合もあろう（J. Frazer: *The Golden Bough*, 岩波文庫版『金枝篇』五、八〜一二頁）。しかしこれが、人形や動物、さらには人間の焚殺《はんさつ》などにまで発展、乃至は転落しないところが、宗教上の神秘主義と呪術との違いであろう。

「外典の浄行囲陀《ヴェーダ》論の中に火祠の法あり。大乗真言門にもまた火法あり。爾《しか》る所以は、一類のものを摂伏せんがための故に、仏、囲陀の事を以てこれを摂伏するなり」

と『大日経疏』第十九にもいっているように、仏教が火の崇拝をとり入れたのは、それによって邪心をはらい、摂伏するという目的においてであった。火を実際に燃して行なう外護摩《げごま》が、つねに心の浄化を目指す内護摩《ないごま》によって支えられているように、火による修法は常に「方便」として、内心の浄化・昂揚という「般若」と合一するものでなくてはならない。

これは水行の場合も同一で、先の文覚の経験も、これに先立ち平行する仏教の智的訓練と相俟つものでなかったら、シベリアやポリネシアにまでひろがっている、シャーマンの巫術と択ぶところがなくなってしまうであろう。

仏教にとって、火渡りや水行は、その最終目的である成仏への一つの過程であると私は見る。山伏の修行全般を整理した『三峰法則』という近世の書物でも、意外にも火渡りや水行は、その「修行十種」のうちに挙げられていない（和歌森太郎『山伏』八二〜八六頁）。密教の典籍や加行《けぎょう》の口伝にも、これらのことは見当らないのである。

したがって、われわれは、これらの修法を見直し、重視することは必要だが、これをもって仏教のすべてが尽くされていると考えるべきではなかろう。

元来、修験の先達とは、浄土への先達であり、道案内人である。山を浄土と見、水と火の信仰が密接にまじりあってこれを支え——滝行で不動の印言を唱え、火渡りで水天の真言を唱えたことを想起せよ。また、七月十三日から十四日の那智の火祭りでは、十二本の大松明が杉木立の滝まで着くことを目的とする——ている。

滝行も火祭りも、心を浄化し、俗塵を払うには決定的な意味をもつ。それはあたかも、苦行林における釈尊六年の苦行にもたとえつべきものかもしれない。これなくして、三七《さんしち》日《にち》（二十一日間）の禅定だけでは釈尊もおそらく成道は得られなかったであろう。それはたしかに、近代の主知主義的仏教解釈の風潮に、頂門の一針を与えるものといえよう。しかし、苦行のみでは釈尊の生まれえなかったように、この修法と並行し、これと先後して、理智の練磨がなかったならば、あたら身をけずる修法も「苦行の外道」に終るうらみなしともしない。火渡りも滝打たれも仏道修行の必要条件であっても十分条件ではなかろう。しかし、現世に疑いをしらぬ若者にとっては、絶対的な必要条件というべきである。

かくて、われわれは最終的な課題の一歩手前まで来た。密教は理性といかなる関係に立つのか。通常と能力とそれを超えた能力のいずれに深く拠って立っているのか。次にはこれが問われなくてはならない。

密教と超能力

この題名は、題名自体がひとつの問題提起である。その証拠に、意味がいろいろにとれるであろう。

まず、「真言密教は超能力を示すかどうか」ということが提示される。そして次に、示すとすれば、「真言密教の示す超能力とはいかなるものであるか」ということが問われている。そのほか、これに付随して、あるいは先だって、「真言密教とは何か」、「超能力」とは何かがハッキリさせられなければならない。

問いがこのような内容に立っているとすれば、答えも当然、この順序に従ってなされなければならない。私も第三の内容、すなわち「真言密教」と「超能力」の定義から入って行きたい。

「真言密教」の定義、そんなことは自明の理ではないか、というかもしれない。しかし、事はそれほど簡単ではない。

なぜなら「超能力」と「真言密教」こそ、本節の主題であるのみならず、世上でしばしば問われるのも、両者の関係であるからである。それのみならず、この両者の関係如何によって「邪教」「邪義」の判定を下されかねないからである。しかし、その意識や発言を支える公的性格は、何といっても学問的根拠でなくてはならない。

こういう見地からで、「真言密教」をとらえれば、日本においてはやはり「弘法大師空海によって大成された金胎両部の事教二相に基づく密教」ということになろう。しかし、中国や韓国、ことに後者との交流が盛んになり、日韓の密教の交流・融和が高唱される今日になってみれば、「……大成された」までは除いて、「金胎両部の事教二相に基づく密教」の方がより公平な定義になる。眼をよりひろくして、インドやチベットの密教を定義に入れれば「金胎両部」も絶対ではなくなり、これらの経典より後に成立した無上瑜伽部《むじょうゆがぶ》の諸経典、第十五会の『金剛頂経』や『時輪経』こそ、真実・最高の密教経典ということになる。

日本において「真言密教」を論ずるとき、ここまで考慮に入れることは無理かも知れないが、真言密教の内容は広く、一概に自派の宗学だけで律し切れない、ということを反省する、よいよすがとはなろう。『大日経』『金剛頂経』の精神に違背せぬかぎり、それは正しい真言密教と考えてよい、といえると思う。

もう一つの重要な術語は「超能力」である。これも定義さまざまな言葉であるが、第一義は、「日常現われることのない、ふつうでは考えられぬ大きな力」ということであろう。

こういうとすぐ思いつかれるのは、先般来やかましかった「オカルト」との関連である。「オカルト」といえば、外国からやってきた「オカルト師」たちがやってみせたさまざまな不思議、スプーンを「念力」で曲げてみせたり、行方不明の少女の遺体の在り場所をあててみたり、等々がすぐ頭に浮んでくる。しかも始末の悪いことは、彼らのうちのある者は、彼らを招いたテレビ局との事前の打ち合せが済まされており、「超能力」でも何でもなかったことが暴露されたりしていることなのである。かくて、「オカルト」は「インチキ」と同義にさえなってしまった。このままでいけば、「真言密教は超能力を示す」「超能力はオカルトである」「オカルトはインチキである」「故に真言密教はインチキである」という三段論法さえ成り立つことになる。どこかおかしいではないか。

これは「オカルト」の考え方がおかしいからである。

オカルトは、「ものをかくす」「蔽《おお》う」を意味するラテン語の動詞「オカレ」から来ている。「平常現われている能力の背後にあるもの、かくされている力、知恵」をいう。われわれが死に当って、一瞬の間に一生のことを走馬灯のように想い浮かべるといういい伝えも、もし本当とすれば超能力であり、オカルトである。ふだんは一升びんひとつでもやっと持つか持たぬかのような婦人が、火事の危急に当って、簞笥を中味ごとかついでしまうなどもそれである。

それよりも、もっと複雑で高度のオカルトは、コリン・ウィルソンの大著『オカルト』（新潮社より、上・下二巻の邦訳）に豊富に記載されている。ふと垣間見る前世の自分の姿や死後の世界を伺う知恵を、コリン・ウィルソンは、何ものをも照らし出す、日常の、理づめの知恵に対して、弱いけれども含畜の深い、日常のうちにある不思議な知恵といっている。前者を「日光の知恵」というのに対し、後者を「月光の知恵」と呼んでいる。このように考えれば「オカルト」や「超能力」は、その第一義においては同義であり、「日常あらわれることなき、通常の合理性の背後にある、より深い不思議な力」ということになる。問題は、それが本ものかどうかということひとつにかかってくる、ということになろう。

そこで、第一問の「真言密教は超能力を示すか」に取り組まなくてはならない。

一口で答えれば「示す」である。真言密教の人々が、通常では信じられない超能力を示したことは、宗祖・派祖と仰がれる高僧たちの伝記にその例を多くみるのみならず、真言密教以外の高僧にも同様の記述をみる。中国仏教伝来の初期には、奇跡奇瑞を行った高僧の例は枚挙にいとまがないほどで、仏図澄《ぶっとちょう》（二三二〜三四八）などは、自らおのれの腸をとり出して示したのち、また、もとのごとくにとり納めたなどという。

空海弘法大師の伝記を読めば、宮中清涼殿において、一人百官の前において、自ら身体を金色の大日如来に変じ、叡感、仰天なみなみならぬものがあったという。さらに、空海の僧都位も、死後追贈の大僧正も、十巻章以下の著述に対してでも、高野山開創の功績に対してでもなかったのである。それは空海のたび重なる降雨・止雨の効験に対する嘉賞であったのだ。

これらの例をこれ以上重ねる煩に堪えない。高僧伝や往生伝の多くは、ほとんどが右のような不思議な霊験・奇瑞に満ち充ちている。すなわち、超能力の話でいっぱいである。バイブルに充ち満ちた奇跡と較べていささかも、量・質共におとるものでない。

こうなると現代の人は必ず問うであろう。そのような話が経典に満ちていることはよく知っている。しかし書かれているという事実と、事実が書かれているかどうかは別問題であると。

それはその通りである。

しかし、ここで一歩を譲っても、昔の人たちが、そう書かざるをえなかったという事実、そのような奇跡の中にこそ宗教を見出していたという事実は認めざるをえないであろう。

言葉を換えていえば、奇跡が事実であったか、歴史的事実・科学的事実であったかどうかは次の問題としても、奇跡こそ仏法である、奇跡のうちに真言密教がある、と考えていた思想史的事実は何人も打ち消すことはできまい。

このことだけから考えても、首題に対してすでに一つの答はでている。真言密教の中に奇跡・奇瑞、すなわち超能力を考えることは、まったく、真言密教に対する伝統的かつ正統的な期待の線に沿うものであり、決して異端でも迷信でもない、ということである。それはあたかも『バイブル』の奇跡を信じうるものこそキリスト者であり、信じえない者が非キリスト者と同じといってよいであろう。

さて、ここで、最初に呈示した設問「真言密教の示す超能力とはいかなるものか」を考えてしめくくりをしたい。

私は、いままで見たように、真言密教は超能力を究極において示しうると信じて疑わない。しかし、それは、誰がそれを成し得るかということを直接答えるということにはならないし、またそれを確かめる方法も立ち得るとはいえない、ということである。

真言密教の示す超能力は、本質において密教の本旨である即身成仏の例証となるものでなくてはならないし、仮に降雨・止雨のごとき現世利益の色濃いものであっても、必ずや

「現当二世《げんとうにせ》の利益《りやく》」（現世と来世の双方に働く功徳）に契当するものでなくてはならない。この目的に沿って示される超能力であるか否かが、「真言密教の示す超能力」であるか否かを識別する一つの規準となろう。もう一つの規準は、それを行なう「人」如何である。『バイブル』に記し残されているイエスの奇跡を「信じた」人たちは、イエスを信じたればこそ奇跡を信じえたのであった。真言密教の場合も、これと全く同じである。その行者を信じない限り、超能力を信じ得るはずは絶対にない。

弘法大師を信じたればこそ、その奇跡が一人百官に信じられたのであった。

人帰依・法帰依は真言密教のごとく師資相承の教えにあってはことに重要である。人なくして法なく、法なくして人なしであるが、両者の不即不離に融合し燃焼したところに、平常ありえぬ「超能力」が示されると考えてよかろう。

いかなる行者が、それを行いうるかということは、結局接する信者の「直観」と、それに基づく選択以外にはないといってよかろう。

以上のように眺めてくるとき、日本人の精神史は、密教の受容と発展をも含めて、極めて多彩で豊富であったことを知る。それは、単なるエコノミック・アニマルでも、神秘主義者のそれでもない。日本人の宗教心とはいかなるものなのであろうか。

日本人の宗教心

戦後間もないころ、禅の世界的権威である鈴木大拙博士と、「赤い牧師」として有名だった赤岩栄師とが対談し、朝日新聞にそれが掲載されたことがあった。この対談は、宗教の本質や定義からも、さらには日本人の宗教心についても極めて示唆的なものが示されていた。

赤岩師は、日本人は、神を信ずること薄く、古来から合理的・唯物論的であるという。この考えは、古来から現代に至るまで広く信ぜられている「日本人観」の一つであるが、赤岩師は、戦後「進駐軍」の全面的な支援の下、日本全国がキリスト教化するかと思われた状況が、一向に進展せず、むしろ頓挫をきたしていたことを、身をもって経験しておられただけに、この感想には深い実感がこもっていた。

それに対して、鈴木博士は、それは「宗教ということばのうけとり方にまず問題がある」、ということを指摘された。

天地を創造と観、したがって天地の摂理を観、信仰に従って審判を下す、創造神・審判神の考え方は日本人にはない。この点からみれば、日本人は慥《たし》かに合理的とも唯物的ともいえよう。しかし、その考えの中に、日常を越えたもの、高く深い精神的なものが欠けている、とみるのは、西欧的な神観念や宗教観だけからする迷妄である。

野に咲く一輪の菊によって秋を感じ、それをもち帰って床の間にさし、「諸行無常」を感ずるのは、仏教的諦念の表われである。こういう形の宗教のあることを知れば、日本人の宗教心は決して低いものとはいえないのではないか。

鈴木博士の宗教観、日本人の宗教の定義は、およそ右のごときものであった。

創造神的審判神的宗教が、神と人との関係に最重要な哲学が秘められるのに対し、仏教のごとき、因縁論的（すべてのものは因縁によって生ずる）、成仏論的（先述の理を覚《さと》ったものが、覚者すなわち仏陀と成る）宗教においては、人と自然との関係が重要なモメントを占めることとなる。仏教の大きな側面に自然宗教的なものがあることを感ぜずにはいられない。

炎熱のインドや、自然の苛烈な条件の下にある中央アジアでは、涼しさがしばしば「涅槃」の境地にたとえられてきた。ここでは自然はまだまだ否定的な形で人間に働きかけていたが、中国から朝鮮、日本へと、仏教が東アジアへ移ってくるにつれて、自然は刻一刻とうるおいを増す。従って、仏教もまた、自然との調和の中に、その理想の実現を図るようになってきたのであった。

京都の黒谷の金戒光明寺《こんかいこうみょうじ》所蔵の「山越しの弥陀」図は、かかる考えをもっとも端的に示す作例といえよう。観音・勢至の二尊を従えた阿弥陀仏が、おそらく大和か京都辺の山とも憶える山の間からヌッとその上半身を現わす。おそらく、広いアジアの仏教圏のどこにあっても、このような形で仏を思量したものはなかったであろう。

仏は自然の中に生き、山の彼方から、その姿をあらわす。仏教、特に、日本の仏教の中には、疑いもなく、このような自然との一体感が働いていることを認めるべきであろう。自然の中に仏を見、仏は自然の中に宿り、一体であるという考え方は、仏教以前から日本人の自然観・神観の基調をなしていたことも事実である。

たとえば、日本人の最も尊ぶ霊山は富士山であろうが、富士を祀る神社は浅間神社であり、その御神体はコノハナサクヤ姫のみことである。すなわち、桜の神である。日本一高い富士山の尊崇が、その麓に咲く桜に対して行なわれるというところにも、この「山越しの弥陀」に見られるのと同傾向・同方向の信仰がうかがわれるであろう。

一部に、日本人は仏教以前楽天的な国民であったものが、仏教を受容することによって、否定的・悲観的な国民に変っていったという説があるが、私は採らない。日本人は楽天的であり、仏教も本質的には楽天的であればこそ、日本人は仏教を採り、仏教は日本人のものとなったのである。旺盛な思弁力や、強い自己省察の訓練ある人のみが宗教をもつのではない。基本的に体質に合う宗教と、しからざる宗教は、右のような直観によって選ばれて行くものと考えられる。仏教はかくて日本に定着し、キリスト教は、特別の日本人

「山越しの弥陀」図

の宗教となったものと思う。

中村元博士の指摘する、日本人の「現実肯定的・自然肯定的」傾向は、かくて、仏教の中で、もっとも顕著に働き出す（中村元『日本人の思惟方法』）。

諸宗並び立った日本の仏教を、仔細に観察するとき、いずれもその基調には、右の傾向を具えていることがうかがえるのである。もっとも現実否定的に見える浄土真宗の「浄土」帰依さえも、結局は、その浄土から、この穢土（現実世界）への回帰、すなわち「還《げん》相廻《そうえ》向《こう》」が志向されているのだから。

自然のうちに仏を見る傾向は、空海弘法大師の「密教」によって、もっとも徹底した形で実現された。

密教の哲学的構造は、すでに見てき

たように、自然と人との本質的一体感（六大体大説《ろくだいたいだい》＝宇宙＝仏も人も六つの力でできている）、仏も自然も人も、同じ本質を具有し、それはさまざまな表現によって認識しうる（四曼相大説《しまんそうだい》＝真実の相《すがた》は、四種の表現＝マンダラが可能である）、現実の人間が、右のごとき真実の境地に到るためには、三つの手段によって、仏との冥々裡《めいめいり》の合一、すなわち三密用大《さんみつゆうだい》を計らなければならない、という哲学に立脚する。

この雄大な哲学を、もっとも日常の次元での実現を可能にしたのが日本の密教であったといってよい。

今日の息づまる組織社会の中で、急激に人間関係と、自然との調和で衰弱や崩壊の見られるとき、青年のみに止まらず、日本人の多くが自然回帰を求めている。「ディスカバー・ジャパン」にはじまり、京都・奈良の古刹や霊山めぐり、さらには日本中の「小京都」といわれる街々への巡拝や観光は、決して一時的な現象とはいえぬ何かが底にある。このような傾向が、今後どのような方向を辿り、どのような結末を迎えるか、もちろん、予言の限りではない。しかし、地上の獲りうるものを争って獲り、目に見えるものだけに歓びを感ずるだけでは、どうにもならぬ所に人類がさしかかっていることだけは確かである。

「密」なるものの見返しがそれである。

〈解説〉復刊にあたって――

金岡秀郎《かなおかひでろう》
国際教養大学特任教授

本書は最初に一九八一年、ハードカバーで潮文社より刊行され、一九九三年に著者近影を除いたソフトカバーの新装版として再刊された。旧版の書名は『密教の話』だったが、新装版には『密教の話――曼荼羅の世界』と副題が付けられた。しかし二〇一七年に潮文社が自主廃業してしまい、古書以外に本書の入手は困難になっていた。そんななか、学生時代に著者の講義を受け、本書を愛読して下さっていた佼成出版社の黒神直也氏から著者の長男の私に本書を復刊したいとのお申し出があった。それに加えて私に一文を認めよとのご依頼である。父の旧著の復刊と拙文の寄稿は同社の『古代インド哲学史概説』以来で、有難くお引き受けした。以下に原著者の簡単な研究歴と本書の要点を述べてみたい。

原著者の金岡秀友は一九二七年（昭和二年）、東京西郊の真言宗寺院の長男として生まれた。旧制中学時代は武者絵を描くなど美術に夢中で、上野の美術学校（現・東京藝術大学）への進学を夢見ていたが、住職であり父親であった秀光《しゅうこう》に絵の具を雨降る境内に投げ捨てられるほどの猛反対に遭い、これを断念。当時、女学校の教師も兼ねていた秀光の勧めに従い、「喇嘛教《らまきょう》」すなわちチベット・モンゴル仏教の研究を志して東京外事専門学校（現・東京外国語大学）の蒙古科に進学した。外語ではモンゴル語を始め、モンゴル研究に役立つシナ語（現代中国語）やロシア語なども学んだ。戦中は日本が南モンゴルの独立支援をしていたため、日本のモンゴル研究は多くの分野で世界最先端であった。しかしながら日本の敗戦により南モンゴルは中国内蒙古自治区となり、北モンゴルはすでにソ連系の人民共和国で、父にとってモンゴル研究の継続は困難になった。そのため、進学した東京帝国大学の印度哲学科では泰斗・中村元博士らのもと、サンスクリット語やチベット語の学習とともに『金光明経』の研究やインド六派哲学の研究に明け暮れた。東大に提出した卒業論文はそのままの形で『金光明経の研究』（大東出版社）として出版されている。

大学院を経て、チベット語の講師として就職した東洋大学では『ミーマーンサー・スートラの研究』で文学博士の学位を取得した。ミーマーンサー学派は古代インドの祭祀哲学というべきもので、その研究は、その後の密教研究の幅を広げることに奏功したであろう。密教は教相（哲学的根拠）と事相（儀礼的実践）を鳥の両翼とし、他宗に勝《すぐ》り事相の重要度が高いからである。一九五八年、父は母と生後三ヶ月の私を伴い、セイロン（現・スリランカ）に二年間赴任した。目的はセイロン大学（現・スリランカ大学）における英文仏教百科事典の執筆に参加することであった。この間、父は毎日図書館に通い、事典の執筆をしつつ、現地の南伝仏教の思想や現実も学んでいた。本文中、ウェーサク月の祭りに触れているのも、背景に実体験があるのはまちがいない。

我田引水かも知れぬが、父はしばしば「密教は仏教の最後の形態だから、密教研究者はそれまでの思想史すべてを知らなければならない」と言っていた。これが過剰な自負としても、本書の多方面の実例は父の意識と知識の反映と見てよかろう。それはまた脱線の多かった父の講義・講演も髣髴とさせるものである。

本書の第一章「密教の誕生」では、密教の特色は人と仏が呼び合う「加持」であり、その実現のための神秘哲学や複雑な儀礼としたうえで、その淵源は釈尊にあるとする。ヨーロッパにおける「人間釈尊」の研究により、ブッダを合理的に解釈する伝統が生まれたが、本書では釈尊の「日常を超えた偉大性・神秘性」を強調している。それを基盤に密教では護摩の儀礼や不動信仰などが産み出されたとする。

第二章「密教の発展」では、すべてのものの中に仏が宿ると見る密教が、インドの魑魅魍魎や多様な身分の人々を神々として取り入れ、「無数の仏の一大殿堂」を形成する経緯を述べる。その中心にあるのが大日如来で、これを図示したものが曼荼羅の世界である。その思想と儀礼を説いた『大日経』や『金剛頂経』はインドから唐に伝わり、空海によって日本に齎されたとする。

第三章「空海の世界」では、空海の思想や信仰を通じて密教の哲学・宗教を説く。ここでは空海の諸著書に基づき、大乗仏教の空の哲学で否定された現実世界が、密教においてさらに否定されて導かれる「大肯定」の世界を解いていく。

第四章「日本密教の哲学」では密教の教えを可視化したマンダラの解説をし、その中心にある大日如来について掘り下げる。その際、密教において新たに登場した大日如来が「古き時代の太陽神の力強い姿」を想起させたのではないかとする興味深い指摘もなされている。さらに大日如来の教令輪身《きょうりょうりんじん》（衆生教化の姿）たる不動明王についても詳しく解説する。

第五章「密教と現代」では人間の性善説と性悪説を論じ、密教の「善悪の相即不二」を述べる。具体例として鬼女から神となった鬼子母神を挙げて、著者自身の人間観も開陳する。また、当時社会的にブームとなった超能力やオカルトに言及しつつ、空海が遷化後、大僧正を贈られたのはその学問などに対してではなく、降雨・止雨などの霊験・奇瑞すなわち「超能力」に対してであったとする。これらを踏まえ、現代における「密」の見直しを勧めて擱筆する。

最後に新版に関しての校訂について付言する。

（1）誤記誤植を訂正した。（2）ターラナータの引用で不動明王に関する部分に誤記があったので原文に当たり訂正した。（3）文意が通りにくい文章は原文を重んじつつ最低限の添削をした。（4）難読語の仏教語などには原著以上にルビを施した。（5）巻末の引用参考文献が不統一に挙げられていたので五十音順に著者を挙げ、さらにそれを年代順に並び替えた。

末筆ながら本書の復刊を実現して下さった黒神氏、編集長の大室英暁氏に深甚の謝意を捧げ、本書が再び江湖に迎えられることを冀い、駄文を加えて復刊の跋とする。

参考文献一覧

〈密教の歴史〉

大村西崖「密教発達史」五巻　高野山大学出版部　大7
大山公淳「神仏交渉史」　高野山大学出版部　昭19
大山公淳「仏教音楽と声明」　大山教授出版後援会　昭34
大山公淳「密教史概説と教理」大山教授法印昇進記念出版会　昭36・10
長部和雄「一行禅師の研究」　神戸商科大学　昭38・7
勝又俊教「密教の日本的展開」　春秋社　昭45・9
金岡秀友・清水　乞「密教」（「アジア仏教史」インド編Ⅳ）佼成出版社　昭49
金岡秀友「初期密教の成立」　エピステーメー　昭51・5
吉祥真雄「印度支那密教史」　二松堂書店　昭4・5
櫛田良洪「真言密教成立過程の研究」　山喜房仏書林　昭39・8
五来　重「高野聖」　角川書店　昭40・5
酒井真典「チベット密教教理の研究」　高野山出版社　昭31
栂尾祥雲「曼荼羅の研究」　高野山大学出版部　昭2
栂尾祥雲「理趣経の研究」　高野山大学出版部　昭5
栂尾祥雲「秘密仏教史」高野山大学・栂尾全集刊行会　昭8・11（昭32改訂版）
栂尾祥雲「日本密教学道史」　高野山大学出版部　昭19
松長有慶「密教の歴史」　平楽寺書店　昭44

松長有慶　「密教の相承者」　評論社　昭48
松永有見　「日本密教史」　二松堂書店　昭4・5
三浦章夫　「密教通史」　豊山派教学部　昭14
水原堯栄　「高野板之研究」　森江書店　昭7
壬生台舜・宮坂宥勝　「日本の仏教――天台真言」　春秋社　昭46・11
宮坂宥勝編者　「高野山史」　高野山文化研究会　昭37
守山聖真　「真言密教史の研究」　鹿野苑　昭41・7
渡辺照宏　「日本の密教」世界の諸宗教（新宗教論大系5）　五月書房　昭27
渡辺照宏　「不動明王」　朝日選書35（朝日新聞社）　昭50

〈思想〉
大山公淳　「真言密教への手引き」　教育新潮社　昭43・8
金岡秀友　「密教における信構造の特色とその変化」　日本仏教学会年報28　昭38・3
金岡秀友　「密教の実践哲学」　在家仏教　昭39・1
金国秀友　「密教における戒律の特色」　日本仏教学会年報32　昭42・3
金岡秀友　「インドの密教思想　中国の密教思想」　講座東洋思想6（東大出版会）　昭42・8
金岡秀友　「密教の哲学」　平楽寺書店・サーラ叢書　昭44・1
金岡秀友　「密教――その定義をめぐって――」　東洋学術研究12・1　昭48・4

金岡秀友「密教発見」在家仏教　昭49・7
金岡秀友「密教の教え」月刊密教講座1・1〜1・12（平河出版社）昭49・9〜52・9
金岡秀友「密教とその周辺」在家仏教　昭50・1、2、3
金岡秀友「密教の世界観」東洋学術研究15・3　昭51・5
金岡秀友「密教の人間観」在家仏教　昭51・5、6、7
金岡秀友「密教研究の課題と方向」春秋178　昭51・9
金岡秀友「密教の即身成仏思想――天台・日蓮との対比において――」理想9・悟り（理想社）昭51・9
金岡秀友「密教における「悪」」仏教思想2・悪（平楽寺書店）昭51・11
金岡秀友「インド密教における因果の問題――鬼子母説話を通して――」仏教思想3・因果（平楽寺書店）昭53・3
金山穆韶・柳田謙十郎「日本真言の哲学」弘文堂書房　昭18・7
金山穆韶「真言密教の教学」高野山大学　昭19・3
酒井真典「チベット密教教理の研究」高野山出版社　昭31・12
高神覚昇「密教概論」第一書房　昭17・4
栂尾祥雲「密教教理概説」高野山出版社　昭23
長岡慶信「密教概説」鹿野苑　昭39・5
中野義照「密教の信仰と倫理」教育新潮社　昭45・9
宮坂宥勝「密教の真理」高野山出版社　昭39・9

宮坂宥勝・金岡秀友・松長有慶監修・編集　『現代密教講座』（全八巻）　大東出版社　昭50・7
宮坂宥勝・梅原　猛・金岡秀友編　『講座密教』（全五巻）　春秋社　昭51・10～53・9
宮坂宥勝　「密教思想の真理」　人文書院　昭54・9
宮坂宥勝　「密教への誘い」　人文書院　昭54・9
森田竜僊　「秘密仏教の研究」　六大新報社　昭31

〈美術・曼荼羅関係〉

石田尚豊　「曼荼羅の研究」　東京美術　昭50
大山公淳　「曼荼羅通釈」　高野山出版社　昭24
金岡秀友　「マンダラにおける悪の論理」　宗教研究142　昭29・12
金岡秀友　「仏教思想上のマンダラ」　在家仏教　昭40・12
金岡秀友　「マンダラ信仰の源流と展開について」　宗教（教育新潮社）　昭41・12
金岡秀友　「曼荼羅の世界」　玉城康四郎博士還暦記念論集・仏の研究（春秋社）　昭52・11
吉祥真雄　「曼荼羅図説」　藤井文政堂　昭10
佐和隆研　「密教美術」　大八洲出版　昭22・9
佐和隆研　「密教美術論」　便利堂　昭30
佐和隆研　「日本の密教美術」　便利堂　昭36

佐和隆研「密教の美術」日本の美術8 平凡社 昭39・8
佐和隆研「日本密教――展開と美術」日本放送出版協会 昭41・10
栂尾祥雲「曼荼羅の研究」高野山大学出版部 昭2・8
奈良国立博物館監修 「密教法具」講談社 昭40
浜田 隆「曼荼茶羅の世界」美術出版社 昭46・9
真鍋俊照「曼荼羅の世界」古美術22 昭43・6
真鍋俊照「御室灌頂院曼荼羅周辺の史的考察」密教文化88 昭44・8
真鍋俊照「曼荼羅の基礎知識」大法輪41・8 昭49・8
真鍋俊照「密教の美術〈日本〉」
月刊密教講座1・1～1・12（平河出版社）昭49・9～52・9
真鍋俊照「曼荼羅――密教曼荼羅の研究」美術出版社 昭50・9
真鍋俊照「密教と表現」春秋179～183（春秋社）昭51・10～52・3
真鍋俊照「伝真言院曼荼羅」大法輪 昭52・9
真鍋俊照「タンカ――チベット・ネパールの仏画」同朋舎 昭54・4
真鍋俊照「曼荼羅の美術」小学館 昭54・10

金岡秀友（かなおか・しゅうゆう）
一九二七〜二〇〇九年。埼玉県に生まれる。東京外事専門学校（現東京外国語大学）蒙古科および東京大学文学部印度哲学科卒業。東京大学大学院人文科学研究科印度哲学専攻博士課程単位取得満期退学。文学博士（東洋大学）。専門はインド哲学、仏教学、密教学。大倉山文化学院研究員、東洋大学文学部教授などを経て東洋大学名誉教授。妙薬寺（東京都八王子市）住職などを歴任したほか、一九六七年に日本印度学仏教学会賞を受賞する。著書や論文が多数ある。

改訂新版　密教の話――曼荼羅の世界

2024年11月30日　初版第1刷発行

著　者　金岡秀友
発行者　中沢純一
発行所　株式会社佼成出版社
〒166-8535　東京都杉並区和田2-7-1
電話　(03) 5385-2317（編集）
(03) 5385-2323（販売）
URL　https://kosei-shuppan.co.jp/

印刷所　亜細亜印刷株式会社
製本所　株式会社若林製本工場

◎落丁本・乱丁本はお取り替えいたします。

ISBN978-4-333-02930-3　C0015　NDC188/232P/19cm